Andreas Venzke

Berlin, Berlin –
Geschichte einer Nation

Andreas Venzke ist 1961 in Berlin zur Welt gekommen, hat den Westteil von der Freien Universität aus recht intensiv studiert, sich bei Besuchen immer wieder aufs Neue vom umgebenden Osten verwirren lassen, der Stadt in aller Perspektivenlosigkeit vor dem Mauerfall den Rücken gekehrt und sich ihr 2010 noch einmal schreibend angenähert.

Philipp Seefeldt, geboren 1979 in Stralsund, hat Illustration an der Fachhochschule für Design in Münster studiert und arbeitet als freischaffender Illustrator, Grafik- und Multimedia-Designer. Philipp Seefeldt lebt in Berlin.

Andreas Venzke

Berlin, Berlin – Geschichte einer Nation

Arena

Erzählende Kapitel

Sachkapitel

1 Kaiser sehen

Was dem Jungen da aus der Hand fällt, ist nichts Besonderes, jedenfalls nichts Besonderes für die Leute, die da zu Hunderten stehen. Für den Jungen ist es das aber sehr wohl: Es ist ein Kaleidoskop und er hat es selbst gemacht.

Die Leute sind gerade wie verrückt: Sie drängeln und schubsen und schimpfen und schreien. Es passiert, als sich einer von hinten so neben den Jungen zwängt, dass er ihm gegen die Hand stößt. Eigentlich fällt das Kaleidoskop nur runter, doch als wolle es ein wenig auf sich aufmerksam machen, weil es so schön gearbeitet ist, rollt es ein ganzes Stück weiter, ehe es am Rand des Reitwegs liegen bleibt. Der Junge dreht sich entsetzt zu seinem Vater um. Der nickt ihm zu. Schnell duckt sich der Junge und schiebt sich neben einen Polizisten, der dafür sorgt, dass die Straße frei bleibt.

„Herr Schutzmann", sagt der Junge, „sehen Sie da mein Kaleidoskop? Kann ich es schnell holen?"

„Wat willste? Dein Kaleidowat?", fragt der Polizist. „Du bleibst mal schön hier!"

„Es geht ganz schnell", bittet der Junge. „Es liegt da vor Ihnen, ich habe es sofort ..."

„Du bleibst hier", kommandiert der Polizist und fügt noch hinzu: „Gleich kommt der Kaiser."

Da geht auch schon ein Raunen durch die Menge, die sich wie auf ein geheimes Zeichen zu bewegen scheint. Der Schutzmann lehnt sich nun mit ausgebreiteten Armen und seinem

ganzen Gewicht gegen die Menge. So tun es auch die anderen Schutzmänner neben ihm. Einige Leute murren und stöhnen auf und schimpfen. Es ist klar, dass sie von alldem nichts halten. Ein Mann ruft: „Den hamwa nich nötig! Der presst uns aus!“ Aber seine Stimme wird sofort von Gejohle und Jubel übertönt. Männer juchzen und Frauen kreischen. Hüte werden gelüftet und Taschentücher herausgezogen. Und der Junge starrt auf das Kaleidoskop, das vor dem Schutzmann liegt und doch unerreichbar weit entfernt ist.
Dann erschallen Rufe: „Hurra! Hoch, hoch, hoch! Der Kaiser! Lang lebe der Kaiser!“ Da erscheint er zu Pferd, eskortiert von seiner berittenen Wache. Er hält den Kopf weit zurück, als wollte er die Menschen gar nicht sehen. Im Trab zieht er dahin, auf dem Reitweg, der auf der Straße Unter den Linden nur für ihn aufrechterhalten wird. Dieser Reitweg ist ein Zeichen seiner Herrschaft. Er besteht seit der Zeit, als die preußischen Kurfürsten von Berlin in den Westen ritten, in den Tiergarten und weiter über die Dörfer. Heute führt aber der Reitweg durch eine der verkehrsreichsten Straßen der Welt. Doch er soll bleiben. Der Kaiser wünscht das so.
Als der Kaiser an dem Jungen vorbeireitet, schwenken die Männer jubelnd ihre Hüte; die Damen verbeugen sich tief, die Kinder knicksen. Nur der Junge steht regungslos da und starrt auf das Kaleidoskop. Mit dem Hinterlauf tritt es der Rappe des Kaisers in den Sand. Schon ist der Spuk vorbei und die Menge löst sich wieder auf. Man hört noch ein paar Wortgefechte zwischen den wenigen Kaisergegnern und allen anderen.
Als der Junge vorsichtig zu seinem Kaleidoskop geht, macht

plötzlich der Schutzmann eine schnelle Bewegung und greift es sich. Er schaut es sich kurz an, hält es ans Auge, dann ans Ohr, schüttelt es und bricht es in der Mitte entzwei.
„Hier, dit kannste noch mal neu machen!", sagt er und gibt es dem Jungen zurück.
Der schaut ihn entsetzt an und spürt zugleich, wie sich der Arm seines Vaters um ihn legt. Das wird der Junge nicht vergessen, auch nicht, wie der Vater zu dem Schutzmann sagt: „Und mit euch werden wir auch alles neu machen!"
„Sie ... Sie ...!", ruft der Schutzmann nur, als der Vater seinen Sohn an der Hand nimmt und mit ihm davongeht. Der Junge weiß: Er wird ein viel schöneres Kaleidoskop bekommen. Er ist stolz auf seinen Vater.

Gründung des Kaiserreichs

Ein Staat „Deutschland“, so wie wir ihn heute verstehen, existiert erst seit 1871. Bis 1806 hatte es das „Heilige Römische Reich Deutscher Nation“ gegeben, das aber nur ein lockerer Staatenbund war. Es gab unabhängige und ganz unterschiedlich große Königreiche, Fürsten- und Herzogtümer. In diesem Jahr 1871 gelang es **Otto von Bismarck,** die meisten Gebiete mit deutscher Bevölkerung und Kultur in einem gemeinsamen Staat zu vereinigen.

Otto von Bismarck (1815–1894) → Adliger, erzkonservativer Staatsmann, der die Gründung des deutschen Nationalstaates durchsetzte und jahrzehntelang die deutsche Politik bestimmte

Bismarck als Ministerpräsident des mächtigen Landes Preußen erreichte dies, indem er Frankreich in einen Krieg gegen sein Land und damit gegen ganz „Deutschland“ drängte. Erst durch die Niederlage Frankreichs in diesem Deutsch-Französischen Krieg von 1870/71 war es den deutschen Ländern sozusagen erlaubt, sich zu einem einheitlichen Staat zusammenzuschließen. Das besiegte Frankreich konnte dies nicht mehr verhindern. Geführt und beherrscht wurde dieser neue Staat von dem bis dahin größten deutschen Einzelstaat: Preußen mit seiner Hauptstadt Berlin.

Berlin wächst rasant

Im Vergleich zu wirklich großen Städten wie Paris und London erschien Berlin als zurückgebliebener, unfreier, freudloser Ort mit schmutzigen, schlecht beleuchteten Straßen und noch kaum vorhandener Kanalisation. Mit der Gründung des Deutschen Reiches wuchs Berlin geradezu über sich hinaus. In der sogenannten Gründerzeit sprengte es alle Grenzen. Immer mehr Menschen strömten in die Stadt. Sie fanden in den Fabriken für kargen Lohn ein besseres Auskommen als auf dem rückständigen Land, wo sie als Knechte oft noch wie Leibeigene gehalten wurden. Aber auch in den Fabriken war das Volk Arbeitsbedingungen ausgesetzt, die bei minimalem Lohn und zwölfstündigem Arbeitstag für nicht viel mehr als zur Ernährung und dem Erhalt der Familie reichten.

In Berlin entstanden die sogenannten Mietskasernen. In diesen einheitlich gebauten Wohnungen konnten die Arbeiter mit ihren Familien ein wenig private Freiheit genießen und davon träumen, sich ein besseres Leben aufzubauen. Die Wohnkomplexe

Um das geringe Einkommen zu verbessern, vermieten Arbeiterfamilien oft Schlafgelegenheiten in ihren kleinen und meist überfüllten Wohnungen. *Der späte Schlafbursche.* Zille 1902

entstanden im Einheitsmaßstab mit bis zu sechs Hinterhöfen, in die kaum ein Sonnenstrahl fiel. Passend dazu sagte der Berliner Maler Heinrich Zille (1858–1929), der die einfachen Leute in ihrem Elend voller Witz und beißendem Spott darstellte:

„Man kann einen Menschen mit seiner Wohnung erschlagen wie mit einer Axt.“

In jeder Wohnung gab es meist nur ein heizbares Zimmer, und das teilten sich mehrere Personen. 1890 lebten 100.000 Menschen in Kellerwohnungen.

Die oben und die unten

An den Mietskasernen bereicherten sich die Wohnungsspekulanten, die auf steigende Immobilienpreise setzten und mit den Fabrikbesitzern, Börsenmaklern und ihren Rechtsanwälten ein Leben in Saus und Braus genossen. Außer ihnen führte das Wort noch immer der Adel, das preußische Junkertum mit seinen riesigen Ländereien, und das Militär. Die Gesellschaft war nach Klassen getrennt.

Weil sich das Volk nicht selbst einen Staat erkämpft hatte, sondern dieser von der herrschenden Klasse Preußens „von oben“ durchgesetzt worden war, bestand die Ungleichheit fort: Zwar gab es im Reichstag, dem deutschen Parlament, ein allgemeines Wahlrecht, zumindest für Männer ab 25 Jahren, doch herrschte im preußischen Abgeordnetenhaus nach wie vor das Dreiklassenwahlrecht: Danach konnten diejenigen die meisten

Abgeordneten stellen, welche die meisten Steuern bezahlten. Sonst gab es zwar Gleichheit vor dem Gesetz, in den Grundzügen auch Versammlungs-, Vereins- und Pressefreiheit, doch bestimmten in allen wichtigen gesellschaftlichen Angelegenheiten Adel und Großbürgertum. Es herrschten festgelegte Umgangsformen. Für den „Mann auf der Straße" bedeuteten sie, gegenüber „denen da oben" ein unterwürfiges Verhalten zu zeigen. Die Bürger waren Untertanen, die sich von jedem Pfarrer, Richter, Professor zurechtweisen lassen mussten. Jeder Offizier konnte einen sogenannten Zivilisten im Alltag kommandieren.

Das beste Beispiel für diese Form von Obrigkeitshörigkeit lieferte Friedrich Wilhelm Voigt, ein fast 60-jähriger Kleinkrimineller, der 1906 in einer bei Trödlern zusammengekauften Militäruniform einen Trupp Soldaten abkommandieren konnte, und nicht nur das: Mit ihrer Hilfe konnte er auch problemlos das Rathaus von Köpenick besetzen, den Bürgermeister und andere Beamte in Gewahrsam nehmen und sich die Stadtkasse aushändigen lassen. Carl Zuckmayer machte den „Hauptmann von Köpenick" später in einem gesellschaftskritischen Theaterstück unsterblich.

Obwohl Berlin als Industriestadt rasant wuchs, blieb es eine Stadt des Militärs: Es gab fünf Regimenter der Infanterie, wobei ein Regiment über 2.000 Soldaten umfasste, fünf der Kavallerie, zwei der Artillerie, dazu kleinere Einheiten wie Pionier-Bataillone oder die Leibgendarmerie des Kaisers, insgesamt 30.000 Männer mit ihren Familien.

2 Von Haus zu Haus

„Schön' juten Tach wünsche ich, Nummer 35. Was haben Sie denn da Neues gekriegt? Die Bauarbeiter wollten ja gar nicht mehr gehen."

„Nun ja, mich haben sie mit einem opulenten Versammlungszimmer ausgestattet, die Decke mit Stuck dekoriert, ein Kristallleuchter dabei. Das passt zu den Pulten und Regalen hier im Haus, die noch Schinkel* entworfen hat. Gott habe ihn selig."

„Jaja, die jute alte Zeit! Ich habe nun einen Lastenaufzug, der bis unters Dache führt."

„Davon war bei mir auch schon die Rede. Na, ich danke!"

„Inzwischen hat aber der neue Besitzer schon verlauten lassen, es wird noch einen ganz anderen Aufzug geben, einen Personenaufzug, der sechs Leute auf einmal fassen kann."

„Das schafft viel Unruhe im Haus, meine ich. Alles wird so schnell."

„Ist das nicht prima? Raus mit dem Mief! Man fühlt sich schon besonders, wenn man Gaslicht hat und alles so hell ist wie sommers zu Mittag. Das soll bei mir bald in jedes Zimmer kommen. Dann werden Sie sehen, wie ich am Abend leuchte. Da wird meinem Besitzer aber vor Stolz der Kamm schwellen. Und unten an mein' Schaufenster drückt der Pöbel sich die Nase platt."

** Im hinteren Teil dieses Buches gibt es ein Glossar – dort sind die Erklärungen zu den Begriffen nachzulesen.*

„Nein, über ein Schaufenster verfüge ich nicht. Wie Sie sagen: So etwas zieht auch die armen Schlucker an, die dann neidisch werden, weil bei uns so viel Geld ausgegeben wird. Zu den preußischen Tugenden zählte einmal die Bescheidenheit."

„Na ja, so was kann eben auch nicht jeder haben, so 'n Schaufenster zum Kiekn. Apropos Kiekn: Ich soll sogar einen Fernsprechapparat bekommen."

„Was meinen Sie?"

„Wissen Sie, wovon ich spreche?"

„Vielleicht verstehe ich Sie falsch."

„Damit kann man von einem Haus zum anderen sprechen, ohne dass man sich überhaupt sieht."

„Das wird bei mir wohl auch angeschafft, da bin ich mir sicher. Der Strom der neuen Zeit reißt alles mit."

„Es können eben nicht alle immer ganz modern sein."

„Nun, ich verstehe Sie doch richtig. Worauf insinuieren Sie? Ich stamme aus einer alten Familie."

„Manchmal hängt das Alte wie ein Klotz am Bein."

„Ihre Familie kam allerdings vom Land."

„Was wollen Sie damit sagen."

„Sie haben Äcker besessen und verkauft. Deswegen stehen Sie hier."

„Ich verlange Satisfaktion. Ick jloob, ick spinne!"

„Es tut mir leid. Sie haben mich herausgefordert. Ihresgleichen hat keine Kultur. Satisfaktion kann Ihnen nicht mehr gegeben werden, weil Sie dieses Jahr leider nicht überleben werden."

„Sie verkodderte Adelsklitsche! Was erlauben Sie sich, hier solche Behauptungen aufzustellen? Det is ja wohl 'n falscher

Irrtum! Erst vor zwei Jahren ist meine Fassade komplett überholt worden."

„Man wird Sie in diesem Jahr abreißen!"

„Wat? Woher wissen Sie ..."

„In meinen Kreisen hat man seine Quellen."

„Zu Ihrer Situation lässt sich nur sagen: Perdu à tout jamais."

„Atu wat?"

„Sie müssen weichen."

„Das kann nicht sein!"

„Oh doch. Sie lohnen sich nicht mehr. Man hat Sie verkauft, weil das Grundstück, auf dem Sie stehen, so viel wert ist. Sie selbst lohnen da nicht. Allein in den letzten zwei Jahren sind die Grundstückspreise um 30 Prozent gestiegen."

„Nu denn! Wenn es so sein soll. Ick bin ooch Preuße und hab meine Ehre! Ich werde aufrecht sterben. Nur frage ich mich noch: Wie alt sind eigentlich Sie?"

„Über das Alter spricht man nicht."

„Sie sind älter als ich."

„Vielleicht."

„Und Sie haben auch nur drei Geschosse."

„Mein Besitzer versucht noch, sich am Alten festzuhalten."

„Aber Sie sind unter den Spekulanten im Gespräch. Ich höre ständig davon."

„Ich weiß. Ich gebe mich keinen Illusionen hin. Sie sind eigentlich anständig. Leider war ich unbedacht. Vielleicht genießen wir die Zeit, die wir noch haben."

„Sie hatten Ihre Satisfaktion. Een' juten Tach wünsch ick noch."

„Guten Tag!"

Im Kaiserreich

Mit der Gründung des Deutschen Reiches 1871 fielen die Grenzen zwischen den einzelnen deutschen Staaten nicht nur geografisch. Es entstand ein großer einheitlicher Wirtschaftsraum, der plötzlich von allen Fesseln befreit war: Man schuf einheitliche Gesetze und Steuern, zudem eine einheitliche Währung und Uhrzeit. Geld gab es in diesem neuen Staat im Überfluss, auch weil Frankreich für den verlorenen Krieg gegen Deutschland fünf Milliarden Franc Ausgleich zahlen musste, eine gewaltige Summe. All dies führte zu einem unglaublichen Wirtschaftswachstum. Es wurde mit Geld oft wie im Spielcasino gehandelt.

Wer konnte, versuchte, ohne Arbeit reich zu werden. Vor allem in Berlin ging das mit dem Handel von Grundstücken. Damit wurde in der Hauptstadt das meiste Geld gemacht. Spekulanten setzten darauf, dass die Grundstückspreise ständig stiegen. Daher wurden Grundstücke auch ständig gekauft und wieder verkauft. Die Häuser darauf waren meist wenig wert, weil es vor allem um den „Wert" des Grundstücks ging. War es sehr teuer und nur mit einem alten oder verhältnismäßig kleinen Haus bebaut, lohnte es sich, dieses abzureißen und neu zu bauen. Ein Makler, der zuvor davon gelebt hatte, für die Vermittlung von Wohnungen Geld zu erhalten, machte sich nun zum Vorstandsvorsitzenden einer „Berliner Grundstücksgesellschaft", die **Aktien** mit dem Versprechen auf

Aktie → Wertpapier als Anteil am Besitz eines Unternehmens

vierzig Prozent **Dividende** ausgab. Solche Aktien verkauften sich gut, und wer das Geld dafür nicht hatte, lieh es sich. Von 1871 bis 1914 stieg der Grundstückspreis in Berlin durchschnittlich von einer Mark pro Quadratmeter Boden auf über 50 Mark.

Dividende → Unter den Aktieninhabern verteilter Gewinn eines Unternehmens

Außerdem dehnte sich die Stadt weit über ihre Grenzen aus und verleibte sich die umliegenden Gemeinden ein. So entstanden die „Millionenbauern", die ihr Ackerland für viel Geld an die Grundstücksspekulanten verkauften und plötzlich ein Leben auf großem Fuß führen konnten.

Berlin als moderne Großstadt

Rasend schnell veränderte sich das Gesicht der Stadt. Ohne Plan wuchs sie wie ein aufgehender Hefeteig mit immer neuen

Die „Elektrische" in einem Holzschnitt um 1900

Kurfürstendamm ➔ Dreieinhalb Kilometer lange Straße in Westberlin, umgangssprachlich meist nur „Ku'damm". Wie der Name sagt, ursprünglich ein Weg für die Kurfürsten, die darauf zu ihren Jagdgebieten im Westen Berlins ritten. Mit der Erweiterung der Stadt zur Industriezeit legte man den Kurfürstendamm als neue Prachtstraße an. Bald war der Ku'damm berühmt-berüchtigt. Er galt als „jugendlichste Straße" der Stadt und war vor allem für sein Nachtleben berühmt. In langer Reihe warben dort Amüsierbetriebe jeglicher Art um Kunden.

Mietskasernen, Fabriken und ganzen Industriestadtteilen. Wer etwas auf sich hielt, baute sich ein Haus, am besten eine Villa, etwa im Grunewald, kilometerweit von Berlin entfernt. Die Folge war, dass auch der Weg dorthin nicht nur ausgebaut, sondern bebaut wurde: So entstand etwa der **Kurfürstendamm.** Straßenbahnen, S-Bahnen und schließlich auch U-Bahnen beförderten die Menschen schnell von einem Ort zum anderen: besonders die Arbeiter auf dem Weg in die Fabriken, aber auch ins Grüne und in die Theater, Museen und „lasterhaften" Lokale ohne Zahl.

In dieser Gründerzeit dauerte es nicht lange, ehe es – nicht anders als heute – zum Börsenkrach kam. Es stellte sich schnell heraus, dass viele nur mit Luft gehandelt hatten, nämlich in Form von Grundstücken. Ein Grundstück lässt sich aber nicht wie eine Maschine verbessern. Es nimmt nicht an „Wert" zu. Das tut es nur auf dem Papier, weil damit auf Gewinn spekuliert wird. Zwar gingen auch einige der großen Unternehmer pleite und etliche der Spekulanten, doch die Zeche zahlten viele Angestellte, Handwerker und alle möglichen „Kaufleute". Plötzlich waren ihre Aktien nichts mehr wert und sie konnten deswegen ihre Schulden nicht zurückzahlen.

Danach war man vorsichtiger und setzte der Spekulation Grenzen. Die Wirtschaft zog erneut an. Der Fortschritt war bald wieder atemberaubend. Hatte Berlin bei Reichsgründung noch weniger als eine Million Einwohner, waren es 20 Jahre später schon zwei Millionen. Ab den 1890er-Jahren erlebte Berlin seine „gute alte Zeit". Sie fiel zusammen mit der Krönung des neuen, eitlen Kaisers Wilhelm II. (1859–1941), der Deutschland zur Weltmacht führen wollte. Während die Wirtschaft weiter wuchs und sich *Made in Germany* weltweit zum Qualitätssiegel entwickelte, griff Wilhelm II. zurück in die Vergangenheit und ließ das mittelalterliche Deutschland eines Friedrich Barbarossa wiederaufleben. Bauten entstanden, die prunkten und protzten. Auch die **Kaiser-Wilhelm-Gedächtniskirche** entsprach diesem Stil.

Den Menschen in der Stadt ging es mit den Jahren immer besser. Die Wirtschaft, darunter auch die Landwirtschaft, machte in ihrer Entwicklung solche Fortschritte, dass auch immer mehr für die Arbeiter abfiel. Verdiente ein Arbeiter 1.000 Mark im Jahr, musste er dafür nicht einmal zehn Mark Steuern bezahlen. Ein Kilogramm Rindfleisch kostete zwei Mark, ein Zentner Kartoffeln drei Mark, ein normales Brot weniger als zehn Pfennig – genauso viel wie die berühmte „Molle mit Korn", das große Glas Bier mit einem Schnaps. Zugleich führte noch

Kaiser-Wilhelm-Gedächtniskirche → Die Ruine dieser Kirche ist eines der wichtigsten Wahrzeichen von Berlin. Wie der Name sagt, wurde die Kaiser-Wilhelm-Gedächtniskirche zu Ehren des verstorbenen Kaisers Wilhelm (1797–1888) gebaut, und zwar unter der Herrschaft seines Sohnes Wilhelm II. Mit weit über 100 m Höhe war ihr Turm das höchste Bauwerk der Stadt. Sie entsprach ganz dem protzenden Stil der Kaiserzeit. Weil nach dem Zweiten Weltkrieg ihr geplanter Abriss lange hinausgeschoben wurde, hatte man sich schließlich an ihren Anblick als „Hohler Zahn“ gewöhnt. Man einigte sich darauf, den Turm zu erhalten und ihn mit einem modernen Kirchenbau zu umgeben.

Bismarck ab 1883 die „Sozialgesetze“ ein, die weltweit ohne Beispiel waren. Um die Arbeiter an den Staat und seine Herrschaft glauben zu lassen, sollten sie im Fall von Krankheit und Unfall und auch im Alter versorgt sein. Es entstand die Kranken-, Unfall- und Rentenversicherung. Dieses System ist ausgebaut und bis auf den heutigen Tag fortgeführt worden. Der Lebensstandard stieg und

Die Turmruine der Kaiser-Wilhelm-Gedächtniskirche

stieg, auch wenn dabei viele auf der Strecke blieben, die zwischen Nachtschicht, Eckkneipe und lichtlosem Hinterhof ihr Dasein fristeten.

Gegen die Arbeiter

Trotzdem wurde die Masse des Volkes von der Willensbildung im Staat immer noch ausgeschlossen. Dagegen kämpfte besonders die **„Sozialistische Arbeiterpartei Deutschlands“,** Urahn der heutigen SPD, die vehement die Interessen der Arbeiter vertrat. Als sie immer mehr Stimmen erhielt, ließ sie Bismarck 1878 schlicht verbieten. Es kam die Zeit des „Sozialistengesetzes“, genauer des „Gesetzes gegen die gemeingefährlichen Bestrebungen der Sozialdemokratie“. Mit seiner Hilfe, im Grunde einem Parteiverbot, wollten die Herrschenden ihre Macht sichern. Dagegen musste die Sozialdemokratie verdeckt und im Geheimen für ihre Ziele kämpfen. Es sollte gleiche Rechte für alle geben und wirkliche Demokratie herrschen. Man war sich in der Partei auch darüber einig, dass der **Kapitalismus** geändert oder am besten abgeschafft werden sollte. Es galt

„Der Lotse geht von Bord“ – Karikatur zu Bismarcks Entlassung durch Kaiser Wilhelm II.

als abgemacht, dass dieses System früher oder später den Krieg vom Zaun brechen würde. Der Widerstand dagegen wuchs und war bald nicht mehr zu unterdrücken. Nach der Entlassung Bismarcks und dem Herrschaftsantritt Wilhelms II. im Jahr 1890 wurde das Sozialistengesetz aufgehoben.

Sozialismus → Gegenentwurf zum Kapitalismus mit dem Ziel, das Privateigentum an den Produktionsmitteln abzuschaffen und dadurch eine gerechtere Gesellschaft zu ermöglichen
Kapitalismus → Wirtschaftsordnung, die auf dem Privateigentum an den Produktionsmitteln und der Konkurrenz auf einem freien Markt beruht. Der Kapitalismus setzte sich in Deutschland im 19. Jahrhundert durch. Er führte zur Industrialisierung des Landes, zum Entstehen einer Arbeiterklasse und zur Umformung der gesamten Gesellschaft.

Aber auch weiterhin bestimmten Verbote das öffentliche Leben der Stadt. Es galt zwar das freie Wort, doch die Zensur hatte man für öffentliche Veranstaltungen wie das Theater auf einem Umweg wieder eingeführt. Theateraufführungen galten als „öffentliche Lustbarkeiten“ und konnten somit Ruhe und Ordnung stören. Es lag also im Ermessen der Polizei, eine Aufführung zu verbieten. Überliefert ist dazu ein Gespräch, das der Direktor des einflussreichen Lessing-Theaters mit dem Berliner Polizeipräsidenten führte. Es ging um die Genehmigung für ein neues Stück, das bereits eingeübt war.

Theaterdirektor: „Aber warum das Verbot? Warum?“

`Polizeipräsident:` „Weil es uns so passt!“

Theaterdirektor: „Ich meine aber nur, Herr Präsident, dass doch immerhin die Möglichkeit vorliegt, durch behutsame Änderungen die Bedenken, die zu diesem Verbot geführt haben, aus der Welt zu schaffen. Vielleicht sind es nur einige gewagte Stellen, um die es sich handelt?“

`Polizeipräsident:` „Oh nein!“

Theaterdirektor: „Oder einzelne Szenen?“

`Polizeipräsident:` „Auch nicht!“

Theaterdirektor: „Ja, aber was sonst?“

`Polizeipräsident:` „Die janze Richtung passt uns nicht.“

„Die ganze Richtung“ meinte den Widerstand gegen den Obrigkeitsstaat und das zugrunde liegende Gesellschaftssystem. Dieses deutsche Kaiserreich sollte sich auf dem Höhepunkt seiner Macht schließlich selbst zugrunde richten.

3 Unverstanden

Meine Oma hat von der Vergangenheit nie viel erzählt, auch nicht von ihrer eigenen, wie alle Deutschen. Nur hat sie auch nie jemand danach gefragt, wie alle Deutschen nie danach gefragt haben. Ich habe auch keine Frage gestellt, weil ich noch zu jung war und von all dem, was geschehen war, keinen blassen Schimmer hatte. Trotzdem glaube ich heute, dass meine Oma eigentlich mal reden wollte – ist doch selbstverständlich. Wie konnte sie überhaupt damit leben, frage ich mich heute, all das *gar nicht* zu erzählen, eigentlich nicht erzählen zu dürfen? Eine Geschichte aber hat sie mir erzählt, in Anwesenheit meines Vaters, ihres Sohnes. Heute denke ich, dass die Geschichte, die er eigentlich gar nicht hören wollte oder die er *so* von einer Mutter nicht hören wollte, eher ihm galt. Während sie erzählte, wischte er stumm im Hintergrund mit unbeweglichem Gesichtsausdruck das Bücherregal ab. Vielleicht konnte meine Oma aber auch deswegen freiweg erzählen, weil es um den *Ersten* Weltkrieg ging.

„Es war der Abend des 4. August 1914 und wir waren seit zwei Tagen im Krieg, was man überall sah. Es gab keine gleichgültigen Gesichter mehr. Die Mütter waren besorgt, die Väter gaben gute Ratschläge, die Töchter waren stolz auf ihre Brüder und die Brüder – die waren heiß auf den Krieg. Ich hatte mich an der Dorfkirche dort unten in Lichterfelde, wo wir wohnten, mit meiner Freundin Martha verabredet. Um nicht aufzufallen, hatte ich mich mit einem Buch an der Eingangshalle der

Kirche in den Schatten gesetzt und lugte von dort immer wieder nach ihr. Sie kam nicht, was mich wunderte, weil sie sonst immer pünktlich war.
Als die Sonne schon tiefer stand, kamen dann zwei Männer in Uniform, die aufgeregt miteinander sprachen. Diesen Männern wollte ich nicht allein ausgesetzt sein und blieb regungslos an der Seitenwand der Eingangshalle sitzen. Einer von beiden war älter, hatte schon Falten und ein paar graue Haare. Der andere war jung und hatte sich den Schnauzbart gezwirbelt wie unser Kaiser. Der Ältere schaute sich dort unter dem Wappen an der Eingangstür immer wieder um und versuchte offensichtlich, den Redeschwall des Jüngeren zu stoppen. Ich konnte und wollte mich nicht rühren und so war ich geradezu dazu verdammt zuzuhören. Es ging um eine Frau. Es ging darum – mir gefror das Blut in den Adern –, dass man diese Frau kaltmachen müsse. Das sagte der Jüngere immer wieder: ‚Wir müssen die kaltmachen! Nur wie? Die hinkt ja! Auf der Flucht erschossen – das geht da schlecht. Aber wir müssen die kaltmachen, so oder so! Das sagen die oben doch auch.'
Ich wagte nicht zu atmen.
‚Die wiegelt die Massen gegen uns auf', sagte der Jüngere. ‚Die fällt uns in den Rücken! Die macht uns den Krieg kaputt!'
Der Ältere versuchte immer wieder zu unterbrechen, aber er konnte den Jüngeren gar nicht beruhigen.
Wo steckt Martha nur, fragte ich mich. Hoffentlich würde sie nicht jetzt kommen, nach mir suchen und mich hinter der Eingangshalle entdecken! Aber sie kam nicht. Endlich konnte der Ältere was sagen.

‚Jetzt hör mir mal zu, gefreites Arschloch!', sagte er. Entschuldigung, aber das waren seine Worte. ‚Wenn wir die jetzt beseitigen, dann ist der Teufel los. Dann haben wir die Leute gegen uns. Verstehst du? Wenn sie jetzt leben bleibt, ist das nicht so schlimm, im Gegenteil. Ihre ach so brüderliche Partei hat sie ja sowieso im Stich gelassen. Also können wir das sogar ausnutzen. Die ist jetzt überhaupt nicht gefährlich für uns. Verstehst du das? Die wäre nur gefährlich, wenn wir sie jetzt beiseiteschaffen würden. Komm endlich! Wir gehen zurück in die Kadettenanstalt.'

‚Aber jetzt, wo wir schon mal hier sind!', rief der Jüngere fast verzweifelt.

‚Komm, gehen wir zurück ins Quartier!', sagte der Ältere väterlich.

Sie gingen.

Es dauerte keine zwei Minuten, da kam Martha.

‚Was ist denn mit dir', fragte sie und ich fragte dasselbe, als ich ihr bleiches Gesicht sah.

Ich konnte mich kaum beruhigen – sie sich aber auch nicht. Was war ihr denn passiert? Wir entfernten uns schnell von der Kirche und tauschten unsere Geschichten aus.

Ihre ging so: Sie arbeitete als Putzmädchen für einige Haushalte dort in der Villenkolonie Südende, auch für die Politikerin Rosa Luxemburg. Und an diesem Abend hatte sie ein langes Gespräch mit ihr. Die Rosa wollte sich nämlich erschießen, ja, erschießen! Sie war so aufgeregt, weil die Abgeordneten der SPD, ihrer Partei, für die Kriegsanleihen gestimmt hatten. Damit lieh sich der Staat von der Bevölkerung Geld, um den

Krieg zu finanzieren. Also hatte die SPD mitgeholfen, den Krieg zu ermöglichen. Sie wollte sich deswegen erschießen und damit ein Zeichen setzen, das radikalste überhaupt. Martha erzählte, wie sie einfach die ganze Zeit mit ihr geredet hatte, weil sie merkte, dass sie das Reden von ihrem Vorhaben abhalten konnte. Erst als dann einige ihrer Genossen kamen, ging sie. Martha war mindestens so verstört wie ich.

Dann erzählte ich meine Geschichte, die ich gar nicht verstanden hatte. Ich erzählte nämlich von irgendeiner Frau, die dieser Mann kaltmachen wollte, verstehst du, von irgendeiner Frau."

Ich sah meine Oma nur an und versuchte ebenfalls zu verstehen. Ich war ja noch so jung.

„Verstehst du?", fragte meine Oma noch mal.

„Was erzählst du dem Jungen all so ein Zeug?", mischte sich plötzlich mein Vater ein, mit rotem Gesicht und ganz hoher Stimme. „Was soll er denn denken? Soll es ihm etwa noch leidtun um die rote Rosa?"

Da stand meine Oma auf, ging aus dem Raum und sagte noch: „Du wirst das mit dem Hitler erst recht nicht los."

Ich blieb sprachlos zurück und hatte erst recht nicht verstanden. Ich verstand eigentlich erst, als ich erfuhr, dass Rosa Luxemburg ein Hüftleiden hatte und deswegen hinkte. Nur was sollte die Anspielung meiner Oma bedeuten? Sie hatte doch gar nicht von den Nazis erzählt?

Bald zog ich von zu Hause aus. Meine Oma kam dann in ein Altersheim. Wenn ich sie besuchte, hielt sie die ganze Zeit meine Hand und murmelte vor sich hin. Mein Vater saß regungslos daneben. Mit ihm habe ich nie über die Vergangenheit, geschweige die Nazizeit, gesprochen. Dabei hatte er sich ja nichts vorzuwerfen, weil er bei Kriegsende erst 14 war. Heute sehe ich auch *diese* Verwüstungen, die die Nazis verursacht haben und auf die meine Oma anspielte. Ihn hatte der Staat in dem Glauben erzogen, eine Rosa Luxemburg wäre die schlimmste Feindin Deutschlands gewesen. Heute würde ich meine Oma gern nach allem fragen.

Im Ersten Weltkrieg

Seit der Gründung des Deutschen Reiches 1871 waren bis 1914 43 Jahre vergangen, in denen sich die Wirtschaft ständig weiterentwickelt hatte und es zu keinem Krieg gekommen war – eine unerhört lange Zeit des Friedens.
Es taten sich unglaubliche Dinge: Fernsprechapparate wurden eingeführt, riesige Kaufhäuser errichtet, in denen vom Nähgarn bis zur Taschenuhr alles zu haben war, Lichtspielhäuser eröffneten, die bewegte Bilder zeigten, der Zeppelin kam in die Stadt, bald kreisten Flugzeuge über den Häusern. Aber es lag eine Spannung in der Luft, die von riesigen Unwettern kündete.
Das Deutsche Reich war angesichts seiner wirtschaftlichen Stärke wie aufgeladen. Es litt geradezu unter Großmannssucht. Ein gewaltiger, alles entscheidender Krieg galt als unausweichlich. Es reichte der sprichwörtliche Funke ...
Im Hochsommer 1914 war es so weit: Unter dem Schmettern von Militärmusik verkündeten die vielen Offiziere in der Stadt

Mobilmachung → bedeutet, dass die Armee eines Landes sich auf den Krieg vorbereitet. Ein solcher Schritt könnte noch immer als letzte Drohung gemeint sein, um NICHT Krieg zu führen. Wegen der Strategie im Ersten Weltkrieg, den Gegner möglichst noch in dessen eigenem Land anzugreifen, musste die Mobilmachung zu jener Zeit fast zwangsläufig zum Krieg führen.

eine drohende Kriegsgefahr und riefen die Männer zur **Mobilmachung.**

Ein serbischer Attentäter hatte den österreichischen Thronfolger erschossen. Deswegen erklärte Österreich-Ungarn Serbien den Krieg. Daraufhin rüstete Russland als serbischer Bündnispartner zum Krieg gegen Österreich. Am 1. August 1914 erklärte nun Deutschland Russland den Krieg, weil man eine Bündnisverpflichtung mit Österreich-Ungarn hatte. Weil sich zugleich auch Frankreich für den Krieg rüstete, erklärte Deutschland auch diesem Land den Krieg, das es so schnell wie möglich besiegen wollte. Weil deswegen Deutschland in das neutrale Belgien einfiel, musste auch England zu seinen Bündnisverpflichtungen stehen und Deutschland den Krieg erklären. Die selbst gestellte Falle war zugeschnappt. Die längste Friedenszeit im Europa der Neuzeit war vorbei und damit schlagartig die gute alte Zeit. Die großen **imperialistischen** Staaten der Welt, die sich alle auf Kosten der anderen Staaten bereichern wollten, hetzten ihre

Berliner umjubeln Wilhelm II. am Tag der Unterzeichnung der Mobilmachung.

Imperialismus → Das Bestreben eines Staates, über andere Staaten zu herrschen. Auch in rein wirtschaftlicher Hinsicht spricht man von Imperialismus, wenn etwa die „westlichen" Länder die Welt beherrschen – was heute meist „Globalisierung" genannt wird.

jungen Männer aufeinander – Deutschland ganz vorne dabei. Im Deutschen Reich hatte sich seit Langem die militärische Meinung durchgesetzt, dass man, um in einem Zweifrontenkrieg gegen Russland und Frankreich bestehen zu können, die Initiative an sich reißen und zuerst angreifen müsse. Außerdem wollte die deutsche Wirtschaft sich die Erzvorkommen im Osten Frankreichs sowie in Belgien sichern und möglichst den ganzen Osten Europas unter deutsche Kontrolle bringen.
Vor diesem Hintergrund hatten die Arbeiter in Europa bereits 1912 beschlossen, keinen Krieg zu unterstützen. Es hieß ausdrücklich:

„Die Proletarier empfinden es als ein Verbrechen, aufeinander zu schießen zum Vorteile des Profits der Kapitalisten, des Ehrgeizes der Dynastien oder zu höherer Ehre diplomatischer Geheimverträge."

Führend war dabei die deutsche Sozialdemokratie gewesen. Als nun das Deutsche Reich am 2. August 1914 Russland den

Krieg erklärt hatte, wandte sich der Kaiser an die Abgeordneten des Reichstags und verkündete: „Ich kenne keine Parteien mehr, ich kenne nur noch Deutsche!" Ebender Kaiser war zuvor als Haupt des monarchistischen Deutschlands einer der schärfsten Gegner der Sozialdemokraten gewesen. Nun forderte er per Handschlag auch ihre Unterstützung zum Krieg, seiner wichtigsten Untertanen. Und weil dieser bezahlt werden musste, sollte das Volk dafür Geld leihen. Darüber wurde am 4. August im Reichstag abgestimmt. Doch anstatt dem Staat, wie abgemacht, die Unterstützung für den Krieg zu verweigern, enthielt sich die SPD nicht nur der Stimme, sondern stimmte der Kriegsanleihe sogar zu und stimmte damit für den Krieg. In der Stunde der Entscheidung hatte die Führung der SPD plötzlich die Seite gewechselt und sich den Interessen eines Staates unterworfen, dessen System sie zuvor bekämpft hatte. Auch als sich im Kriegsverlauf die Eroberungsgelüste des Militärs deutlich zeigten, blieb die Führung der SPD bei ihrer Haltung, selbst als deutsche Generäle im Krieg auch das Leben der eigenen Soldaten rücksichtslos opferten: Vor Verdun sollte die französische Armee „ausgeblutet" werden, was allein dort Hunderttausenden junger Männer das Leben kostete.

Im Krieg gespalten

Bald stimmten einige Abgeordnete der SPD doch gegen weitere Kriegsanleihen, woraufhin sie aus der Partei ausgeschlossen wurden. Die SPD fiel auseinander. Ihre wichtigste Abspaltung wurde zur Kommunistischen Partei Deutschlands. Ihren

Rosa Luxemburg spricht auf einer Versammlung der SPD.

Anführer Karl Liebknecht (1871–1919) klagte man daraufhin wegen „Hochverrats“ an und sperrte ihn bis Kriegsende ins Gefängnis. Dasselbe war bereits Rosa Luxemburg (1870–1919) geschehen, einer hochgescheiten, einfühlsamen Frau, die sich einen freiheitlichen, vom ganzen Volk getragenen Sozialismus erhoffte. Sie hielt man eigentlich den ganzen Krieg lang eingesperrt, ab 1916 in „Sicherungsverwahrung“. So zerrüttete der Krieg alles, die Meinungen, den Staat, das ganze soziale Leben. Während die Herrschenden weiterhin dinierten und die Waffenindustrie glänzende Geschäfte machte, hungerte das Volk. Essen gab es nur noch auf Lebensmittelkarten. Wegen Missernten wurden 1916 sogar die Kartoffeln knapp, sodass Kohlrüben die Mahlzeiten bestimmten. Alles Mögliche wurde als „Ersatz“ hergestellt: Marmelade, Kaffee, Seife. In Berlin wie in allen Städten gab es eigentlich kein öffentliches Leben mehr. Theater und Museen, Varietés und auch die Kneipen hatten geschlossen. Verkehr, Beleuchtung und Heizung wurden auf ein Minimum reduziert. In den Fabriken arbeiteten immer mehr Frauen, den beurlaubten oder verletzten Soldaten stand der Schrecken des Krieges ins Gesicht geschrieben, Kinder verwahrlosten.

Noch bis zum Winter 1918 gelang es den Militärs und den ihnen ergebenen Politikern, sich die Unterstützung des Volkes für den Krieg zu sichern. Noch immer behaupteten sie, man könne einen „Siegfrieden" erreichen. Es wurde geschwärmt, gelogen und gedroht. Die Opferbereitschaft des Volkes war jedoch am Ende. Wie sollten die Bürger für einen Staat kämpfen, in dem sie nicht als Gleiche unter Gleichen galten? Als dann auf weiter Strecke die Front im Westen zusammenbrach und trotzdem noch die kaiserliche Flotte ins Gefecht geschickt werden sollte, lief das Fass über. Die Matrosen meuterten und riefen schließlich zum Umsturz auf. Ihre Bewegung griff auf das ganze Reich über. Überall kam es nun zu Streiks und Demonstrationen. In dieser sogenannten Novemberrevolution rebellierten große Teile des Volkes gegen den Staat und die herrschenden Klassen. Nicht nur in Berlin streikten die Arbeiter und inzwischen sehr viele Arbeiterinnen, sie fingen sogar an, sich zu bewaffnen. Es bildeten sich Arbeiter- und Soldatenräte, die den Krieg beenden und eine neue Gesellschaft schaffen wollten. Rasch übertrugen die bestimmenden Generäle die Staatsmacht auf eine neue, von Sozialdemokraten geführte Regierung – und entzogen sich somit geschickt der eigenen Verantwortung. Als dann der Kaiser nach Holland flüchtete, war der Krieg endlich zu Ende – und das Chaos perfekt.

REVUE
Varieté
THEATER
REVUE
KINO
KINO KINO
REVUE
Varieté

4 Ein Zwanziger

Der Junge kannte sich schon aus in der Welt. Er hatte nie etwas anderes erfahren, aber er wusste, dass Berlin die Welt war. Hier trafen sich alle, hier gab es jede Neuigkeit zu sehen, Flugzeug, Lichtreklame, Film, Warenhaus, Theater, hier kam einem nichts Fremdes seltsam vor. Der Junge war nie aus Berlin herausgekommen. Von allem hatte er gehört, aber gesehen hatte er wenig. Ihm fehlte der Schlüssel, um sich die Türen zur ganzen Welt aufzuschließen: Geld. Die Schule hatte er beendet und ging nun bei einem Maler in die Lehre – was man so Lehre nannte: immer nur Wände streichen und dem Chef zu Diensten sein! Da vertrieb er sich wenigstens am Abend mal die Zeit. Der Junge ging den Ku'damm entlang, hübsch gekleidet in seine neue Jacke mit Karomuster, auf die er lange gespart hatte. Überall standen die Türen offen und waren doch für ihn versperrt. In das eine Kino hätte er bestimmt gekonnt! Da hing immer noch das Plakat von dieser Frau, die schmachtend zu Füßen eines Offiziers liegt, der kalt über sie hinwegschaut. Ab 17 war der Film. Na und? Er war schon drin. Hatte kurz mit der Kassiererin verhandelt. Obwohl es ihn 20 Pfennig mehr kostete, dass sie ein Auge zudrückte, hatte sich das nicht gelohnt. Es gab kaum was zu sehen.

Vielleicht hätte er doch in seinem Kiez bleiben sollen! Es gab einen Vortrag der Kommunisten. Da wäre er als Arbeiter erhobenen Hauptes nach Hause gegangen! Aber er hatte keine Lust zum Nachdenken. Er hatte auch keine Lust, mit den Kumpels rumzuhängen, amerikanische Zigaretten zu rauchen und sich zu langweilen. Er hätte zu einem Boxkampf gehen können, aber dafür fehlte ihm das Geld. So hatte er die Elektrische genommen und sich an den grauen Häuserwänden vorbeifahren lassen. Nach zweimal Umsteigen hatte ihn der Ku'damm wie ein Magnet angezogen. Diese Straße erwachte erst in der Abenddämmerung.

Der Junge blieb wieder einmal vor einem dieser Läden stehen, dessen Eingang zwei breitschultrige Türsteher abriegelten. Er sah zu, wie Autos vorfuhren, groß wie Kutschen, und ihnen Damen entstiegen, die für die Jahreszeit viel zu dünn gekleidet waren. Aber sie huschten auch nur aus dem Auto heraus, vorbei an den Türstehern und hinein in diesen Laden, auf dem „Revue" stand, lässig gefolgt von Männern mit Anzug, Zylinder und einem Feixen im Gesicht.

„Wie es da drin wohl zugeht!", sagte plötzlich ein Mann neben ihm. Der Junge fuhr herum. Er hatte ihn gar nicht bemerkt. Der Mann war um die 50 und gut, aber nicht auffällig gekleidet.

„Ich verstehe nicht", sagte der Junge.

„Warst du schon mal da drin?", fragte der Mann weiter.

„Nein, das kann ich mir gar nicht ...", wollte der Junge antworten.

„Wie es darin zugeht!," unterbrach ihn der Mann.

Und dann erzählte er davon. Farbiges Licht, Wärme, Lachen, Musik, Gesang, junge Frauen. Der Junge verstand nicht ganz, was der Mann wollte. Der sagte dann, er sei Polizist. Im Kopf des Jungen drehten sich tolle Bilder wie auf einem Karussell im Kreis herum.

„Ich bin aber verdeckt unterwegs“, fuhr der Mann fort. „Man muss doch sehen, was hier passiert. Schließlich gibt es genug Kriminalität in der Welt. Komm mit rein, dann kannst du mir helfen. Du kannst übrigens Wilhelm zu mir sagen.“

Der Junge verstand gar nichts mehr, aber er fühlte sich wie ein Mann. Er wunderte sich, dass die Türsteher Wilhelm ohne Weiteres passieren ließen. Er musste nicht einmal bezahlen. Auch ihn fragten sie gar nichts. Sie arbeiteten wohl mit Wilhelm zusammen, sagte er sich.

In dem Lokal schlug dem Jungen eine Welle von Wärme entgegen, mit einem Geruch aus Parfüm, Schweiß und Tabakrauch. Ihm schlug der Puls bis zum Hals. Scheu ging sein Blick hin und her. Alle möglichen Leute kamen ihnen entgegen, die Wilhelm von oben bis unten musterten, ihn auch. Immer wieder begrüßte Wilhelm Männer mit Handschlag. Frauen mit Bubikopf verbeugten sich eigenartig und zogen ihre ganz dünnen Augenbrauen hoch.

„Das ist Franz“, sagte Wilhelm, wenn jemand auf ihn deutete.

Der Junge versuchte zu verstehen. Er hieß nicht Franz, aber er hatte sich schnell an den Namen gewöhnt.

Der Kellner fragte, was sie trinken wollten, und Wilhelm antwortete: „Einen doppelten Scotch.“

„Und was wünscht der junge Herr zu trinken?“, fragte der Kellner den Jungen.

Er antwortete: „Ich nehme auch einen.“

Er wusste nicht genau, was Scotch war, dachte aber, mit der Antwort könne er nichts falsch machen. Der Kellner ging grinsend davon.

Als er wiederkam, zahlte Wilhelm die beiden Getränke, die dem Jungen viel zu wenig vorkamen. Uh, wie das brannte, als er trank. Aber er versuchte, sich nichts anmerken zu lassen.
„Na, du bist ja schon ein Großer“, sagte Wilhelm, der gerade wieder mit einem Mann sprach.
Der Junge versuchte zu grinsen, obwohl ihn ziemlich schwindelte. Er lehnte sich zurück und spürte etwas Weiches, Warmes. Da sagte eine Frau hinter ihm mit einem sehr tiefen Ausschnitt, wobei sie den Rauch einer Zigarette ausstieß: „Na, Kleener! Bist noch 'n Frischling, wa?“
Sie lachte, dass dem Jungen das Blut in den Kopf schoss.
Da zog ihn Wilhelm schon weiter und sagte: „Schau mal den in dem roten Anzug! Was der für eine Narbe im Gesicht hat!“
Der Junge sah den mit der Narbe sofort.
Wilhelm kippte seinen Scotch hinunter und nickte dem Jungen zu, dasselbe zu machen.
„Komm, gehen wir!“, sagte er. „Hier ist heute nichts los. Ziehen wir weiter!“
Dem Jungen brannte die Speiseröhre auf der ganzen Länge. Er dachte sich, für Wilhelm als Polizisten sei in dem Laden wohl nichts Auffälliges zu entdecken.
Da sagte Wilhelm ihm vor dem Ausgang: „Ach so, tu mir mal den Gefallen und bring das noch dem Mann mit der Narbe und dem roten Anzug! Aber langsam! Unauffällig!“
Ein Geheimauftrag, dachte der Junge und nahm das Kuvert von Wilhelm. Der Mann mit der Narbe, der gerade eine Frau an der Hüfte umfasste, nahm es, nickte nur und steckte es sofort ein, als wäre nichts gewesen. Der Junge ging zu Wilhelm zurück.

„Alles klar?“, fragte der.
„Alles klar!“, sagte der Junge.
Er spürte, wie er plötzlich ganz erwachsen war. Draußen atmete er tief die kühle Luft ein, die stechend nach Kohleofen roch. Er fragte Wilhelm nach einem Verdacht, also, ob er etwas Verdächtiges bemerkt hätte, und Wilhelm schüttelte nur den Kopf. Sie gingen in eine Seitenstraße, wo dasselbe passierte wie zuvor. Wieder ließen zwei Türsteher sie problemlos vorbei, wieder stiegen sie in eine Luft aus Parfüm, Schweiß und Tabak. Die Menschen tanzten, manche eigenartig umschlungen, manche schwankend, manche wie Artisten.
„Das ist Foxtrott oder Shimmy“, rief Wilhelm. „Ich kenne mich da nicht so aus.“
Der Junge hörte es kaum. Er starrte in den Raum, wo von der Decke eine halb nackte Frau an einem Seil herabgelassen wurde, auf dem Kopf eine Krone und in der Hand ein Zepter mit dem Reichsadler.
Wilhelm zog ihn sacht weiter. Er legte diesmal offensichtlich keinen Wert aufs Grüßen. Sie gelangten rasch in einen Korridor, wo Wilhelm an einer Tür erst dreimal, dann viermal klopfte.
Die Tür öffnete sich und ein riesiger Mann sagte nur: „Komm rein!“
„Das ist Franz!“, sagte Wilhelm und der Riese schloss schon die Tür hinter ihnen.
In dem dunstigen Raum stand ein schwerer runder Tisch. Männer spielten Karten. Wilhelm setzte sich dazu.
Dem Jungen schossen wirre Gedanken durch den Kopf. Nirgendwo gab es einen Halt. Wilhelm spielte offensichtlich Poker

mit den Leuten, die ohne Miene an Zigarren pafften oder lutschten. Er setzte viel Geld und gewann noch mehr dazu. Um das Glücksspiel auszukundschaften, musste Wilhelm es wohl selbst gut beherrschen, dachte der Junge. Er versuchte, das Spiel zu verstehen. Einmal verlor Wilhelm 20 Mark. So viel Geld brachte sein Vater in einem Monat nicht nach Hause. Er dachte an die großen Ganoven, die Wilhelm mit hohen Einsätzen überführen wollte. Er hatte einen ganz trockenen Mund, weil er damit rechnete, dass Wilhelm im entscheidenden Moment den Laden hochgehen lassen würde. Aber alles blieb ruhig.
Da klopfte es wieder an der Tür. Der Riese öffnete einen Spalt und stellte flüsternd Fragen. Dann sagte er: „Also bitte!"
Herein kam der Mann im roten Anzug mit der Narbe im Gesicht. Der Junge biss sich auf die Zunge und sah zu Wilhelm. Der reagierte gar nicht.
Der Mann mit der Narbe sagte nur: „Guten Abend, die Herren!", und fragte noch: „Gibt es ein Limit?"
Ein mürrisches Kopfschütteln war die Antwort.
Der Mann nahm Platz und spielte mit. Er setzte bald sehr viel Geld. Nur Wilhelm und einige andere boten mit. Der Mann verlor. Die anderen Männer auch. Wilhelm gewann. Er gewann immer mehr. Dem Jungen bestellte er ein Bier und noch eins und noch eins. So verging die Zeit wie im Traum.
Schlag Mitternacht stand Wilhelm plötzlich auf und sagte: „Ich danke, die Herren!"
Er nickte dem Jungen zu, dass er mit ihm aufstehe.
Der Riese an der Tür öffnete mit grimmigem Gesichtsausdruck. Wilhelm schob ihm etwas zu, das der mit einem kaum merk-

lichen Nicken quittierte. Dann ging er den Korridor erst einige Schritte rückwärts, ehe er sich in dem stickigen Tanzsaal unter die Menschen mischte.
„Hier, nimm das!“, sagte er zu dem Jungen und schob ihm den Beutel zu, in dem das Geld steckte, das er beim Spiel gewonnen hatte. „Ich muss mal aufs Klo. Warte hier!“
Weglaufen, dachte der Junge, weglaufen! Dann hätte er Geld für eine gute Ausbildung, für eine richtige Wohnung. Er sah Wilhelm verschwinden. Seine Blicke sprangen herum wie Wassertropfen auf der heißen Herdplatte. Sahen alle auf ihn? Nein, Einbildung! Doch! Weil er so jung war! Jetzt weg? Er hatte das Gefühl, dass er sich kaum auf den Beinen halten konnte. Das viele Bier! Und die Türsteher? Die kannten Wilhelm. Die würden fragen. Und das Geld? Gehörte es nicht dem Staat? War es nicht Beweismaterial?
Da war Wilhelm zurück.
„Nichts passiert?“, fragte er.
Der Junge schüttelte nur verwundert den Kopf.
„Schon gut!“, sagte Wilhelm. „Komm, woandershin!“
Bei den Türstehern blieb Wilhelm kurz stehen und drückte einem von ihnen beiläufig etwas in die Hand. Der machte eine Faust und steckte sie in die Hosentasche. Mit der anderen Hand schlug er Wilhelm lachend auf die Schulter.
Draußen schaute sich Wilhelm sofort um, ehe er schnell weiterging.
„Geh auf die andere Straßenseite! Komm schon!“, sagte er zu dem Jungen und machte einem Pferdegespann mit der Hand Zeichen auszuweichen. Der Junge flitzte vorsichtig zwischen

den Autos, den Droschken, den vielen Fahrrädern und all den eilenden, schwankenden und bummelnden Menschen hindurch auf die andere Seite. Ihn schwindelte. Die kühle Luft tat ihm gut. Er mochte nun ihren Brandgeruch. In der Hand hielt er den Beutel wie im Schraubstock. Wilhelm folgte ruhig und sah sich in dem Trubel immer wieder um.

„Hast du den Beutel?", fragte er den Jungen.

Kaum dass er darauf schaute, fasste er ihn nur prüfend an und ließ ihn wie ein Zauberkünstler verschwinden.

Sie fuhren mit der nächsten Elektrischen weiter.

„Wie kommst du nach Hause?", fragte Wilhelm.

„Da lang", antwortete der Junge und zeigte in die Richtung, in die die Elektrische fuhr.

„Hier, nimm das!", sagte der Mann und drückte Wilhelm einen Geldschein in die Hand. „Steck's ein! Und fahr jetzt! Es ist spät, sehr spät. Ich steige hier aus."

„Ist Ihr Dienst noch nicht zu Ende?", fragte der Junge.

„Mein was? Ach so! Nein, der dauert noch!", sagte Wilhelm und hörte schnell auf zu lachen. „Ich danke dir. Mach du die Welt besser. Adjes, Franz!"

Wilhelm sprang von der Elektrischen und war schon in der Menschenmenge verschwunden. Der Junge meinte, in der Ferne noch einen Mann mit einer roten Jacke zu erkennen. Aber da fuhr die Elektrische schon weiter.

Es dauerte eine ganze Weile, bis der Junge die Hand öffnete und auf einen 20-Mark-Schein sah. Nein, er verstand immer noch nicht.

Die „Goldenen Zwanziger“

Nach dem verlorenen Krieg stand Deutschland am Scheideweg. Die Gesellschaft war komplett zerrüttet. Alte „preußische“ Tugenden wie Ehre, Anstand, Ehrlichkeit waren verraten und verkauft. Ein neues Staatssystem musste her. Aber die Frage war: Welches?

Das einfache Volk war in seiner Meinung gespalten, je nachdem ob man Industriearbeiter im „roten Wedding“ in Berlin oder im abgelegenen Furtwangen im Schwarzwald war, ob Handwerker auf der Schwäbischen Alb, Bauer im Allgäu oder Dienstmädchen in Düsseldorf: Während die einen sich einen radikalen Neuanfang wünschten, ohne Kapitalismus und Imperialismus, sehnten sich die anderen die „gute alte Zeit“ zurück. Es ging um die Frage der Macht im Staat. Ein Bürgerkrieg war geradezu unausweichlich.

Berlin im Bürgerkrieg

In Berlin begann die Masse der Arbeiter, für einen ganz neuen Staat zu kämpfen, in dem die alte Herrschaft vollständig beseitigt wäre. Es sollte eine vom Volk getragene, sozialistische Republik errichtet werden. Darin war sich ein Großteil der Arbeiter und damit der Berliner Bevölkerung einig. Allerdings war die Lage in der Stadt unübersichtlich und die eine Seite wusste kaum, was die andere tat. In dieser Situation telefonierte der Vorsitzende der SPD Friedrich Ebert (1871–1925) heimlich mit dem militärischen Hauptquartier und vereinbarte, die revolutionären Bewegungen in Berlin, falls nötig, gewaltsam niederzuschlagen. So kam es. Am Ende machte der Sozialdemokrat Gustav Noske (1868–1946) den „Bluthund“, wie er selbst von sich sagte, und führte gegen die demonstrierenden Arbeiter sogenannte **Freikorps.** Als sich im Januar 1919 in Berlin Hunderttausende Menschen im Protest versammelten und sich daraufhin spontan ein revolutionärer Aufstand entwickelte, der „Spartakusaufstand“, ging Noske mit den Freikorps dagegen vor. Diese Soldaten kämpften gegen ihre Landsleute wie im Krieg, sogar mit Geschützen und Panzern. Die Aufständischen hatten keine Chance. Viele von ihnen wurden erschossen, als sie sich schon ergeben hatten.

Freikorps → Verschworene Berufssoldaten, die auf ihrer Soldatenehre bestanden und von Demokratie und Republik nichts wissen wollten.

Einsatzbereite Freikorpstruppen mit gepanzerten Fahrzeugen und Artillerie in der Schönhauser Allee

Sogleich nutzen die Verantwortlichen den Tumult, um die Anführer der neu gegründeten Kommunistischen Partei zu beseitigen. Karl Liebknecht und Rosa Luxemburg wurden heimtückisch ermordet. Von Soldaten der Freikorps wurden sie zuerst schwer misshandelt und dann gezielt erschossen. Offiziell wurde behauptet, Karl Liebknecht wäre auf der Flucht erschossen und Rosa Luxemburg von einer aufgebrachten Menge gelyncht worden. In Berlin kam es daraufhin noch wochenlang zu Demonstrationen, welche die Freikorps wieder niederschlugen. Die Zahl der Toten ging in die Tausende.
Der Haupttäter Waldemar Pabst wurde nie angeklagt. Mit seinen Komplizen wurde er später von den Nazis für seine Taten belohnt und auch später in der BRD nicht weiter behelligt, wo man den Tod der beiden Revolutionäre noch 1962 als rechtmäßig erklärte. Weil Ebert diese Morde offensichtlich geduldet und sein Parteigenosse Noske sie anscheinend sogar angeordnet hatte, wurde damit die Kluft zwischen SPD und KPD unüberwindlich. Den Kommunisten galten die Sozialdemokraten fortan erst recht als Verräter.
Friedrich Ebert rief mit Unterstützung seiner Partei und der Herrschaftsklassen des Kaiserreiches einen neuen Staat mit ihm als Präsidenten ins Leben: die sogenannte Weimarer Republik, den ersten demokratischen deutschen Staat. Die Bezeichnung stammte daher, weil wegen der aufgewühlten Lage in Berlin die verfassungsgebende Nationalversammlung zum ersten Mal in der Stadt Goethes und Schillers tagte.
Zwar sollte die Staatsgewalt vom Volk ausgehen, doch litt die junge Republik von Anfang an darunter, dass die obrigkeits-

Friedrich Ebert (mit Zylinder) während der ersten deutschen Verfassungsfeier 1921

hörigen Strukturen aus der Kaiserzeit fortbestanden, ebenso die Eigentums- und Besitzverhältnisse: Wenigen allmächtigen Unternehmern standen Millionen Arbeiter entgegen, die gegen geringen Lohn jeden Tag ihre Arbeitskraft verkaufen mussten. Zudem sehnten sich die meisten Amtsträger – Lehrer, Juristen, Polizisten – nach ihrer alten Anerkennung zurück, die sie über das allgemeine Volk erhoben hatte.

So war Deutschland zwar Republik geworden, doch vor dem Hintergrund, dass unter Anleitung der SPD-Führung kaisertreue Militärs eine mögliche Revolution niedergeschlagen hatten. Die einflussreichen Kräfte der Industrie, des Adels, der Beamtenschaft blieben erhalten – und auch des Militärs, obwohl dieses durch den **Versailler Vertrag** beschränkt wurde. Sogar der Monarchie hatte man nicht endgültig den Garaus

Versailler Vertrag → Im Friedensvertrag von Versailles hatten die siegreichen alliierten Staaten 1919 Deutschland für die Folgen des Ersten Weltkriegs zur alleinigen Rechenschaft gezogen. Die Macht des Deutsches Reiches sollte eingeschränkt werden, wozu vor allem die Armee geschwächt wurde, die nur noch 100.000 Mann umfassen durfte. Außerdem musste Deutschland umfangreiche Reparationen leisten und Gebietsverluste hinnehmen. Die als Schande empfundenen Bedingungen des Versailler Vertrages bestimmten danach die deutsche Politik.

gemacht. Zwar war der Kaiser nach Holland geflohen, doch behielt er nicht nur sein Vermögen, das ihn nach wie vor zum reichsten Mann Deutschlands machte, sondern bekam obendrein auch noch eine wirklich fürstliche Jahresrente.
Vor allem jedoch krankte der neue Staat daran, dass er von Anfang an finanziell aufs Äußerste belastet war. Zu den Reparationen* nach dem Versailler Vertrag kam hinzu, dass die hohen Kriegsanleihen zurückgezahlt werden mussten. So steuerte der Staat gezielt auf die Pleite zu. Dies geschah 1923, als die Inflation astronomische Werte angenommen hatte. Ein Laib Brot kostete schließlich Milliarden Reichsmark – wenn man überhaupt noch eins bekam. Fleisch und Milch gab es für die einfachen Leute gar nicht mehr oder nur noch unter der Hand zu Wucherbedingungen. Hunger machte sich breit. In Berlin waren Hunderttausende auf Suppenküchen angewiesen, um wenigstens einmal am Tag satt zu werden. Kinder gingen mit

leerem Magen zur Schule und hatten im Winter kaum etwas Warmes zum Anziehen. Auf dem Höhepunkt der Inflation waren alle Ersparnisse der Bürger wertlos geworden.

Die Stadt im Fieber

Erst durch die Einführung einer neuen Währung, der Aufnahme großer Auslandsschulden und neue Abkommen mit den Alliierten, besonders mit Frankreich, entstanden wieder feste Strukturen. Das war dann die Zeit der „Goldenen Zwanziger“, eigentlich eine Krisenzeit, ein „Tanz auf dem Vulkan“, wie es hieß. Es gärte überall. In jeder Lebenslage versuchten die Menschen voranzukommen, auf neuen Wegen, mit neuen Ideen. Berlin wurde erst recht fortschrittlich und sprühte vor Leben, was jedoch auch mit Gewalt und Tod einherging. Die Gegensätze wa-

Marlene Dietrich (Mitte), Filmschauspielerin und Sängerin in einer Revue um 1926

ren extrem: Während ganze Familien hungerten, vergnügten sich die Besitzenden auf Bällen und Diners, wo Champagner floss, man Lammfilets und frische Venusmuscheln verkostete und Diener in goldverzierten Roben strammstanden.
Doch in allen Kreisen war Unterhaltung gefragt, im Kino, im Theater, im Panoptikum, in Opernhäusern, Kabaretts und literarischen Salons, in Revuen, Tanzcafés und Nachtbars. Während im Wedding ein Dichter aus seinem Kellerloch nicht herauskam, konnte sich ein anderer in seinem Charlottenburger Appartement vor Angeboten nicht retten. Jeder Stil und jede Form wurde ausprobiert, in der Kunst, der Musik, der Literatur.

> „Berlin fraß Talente und menschliche Energien mit beispiellosem Heißhunger, um sie ebenso rasch zu verdauen, klein zu mahlen und wieder auszuspucken.“
>
> *Carl Zuckmayer (1896–1977)*

Berlin war eine Zeit lang tonangebend, in Deutschland, sogar in Europa, vielleicht in der Welt. Die Stadt hatte nun als Groß-Berlin vier Millionen Einwohner, das größte und schnellste Nahverkehrssystem der Welt, eine Hochgeschwindigkeitsautobahn, 50 morgendlich erscheinende Zeitungen, ein Warenhaus mit eigenem U-Bahnhof und 4.000 Mitarbeitern.

SOZIALDEMOKRAT
Geschlossen
LADENBESITZER
NATIONALSOZIALIST
KOMMUNIST

5 Politik machen

Sozialdemokrat: Hier können wir erzählen. Jeder kann frei reden. Es hat hier keine Folgen. Papier ist geduldig. Ich bin Mitglied der SPD, der Sozialdemokratischen Partei Deutschlands. Wir versuchen, die Demokratie in Deutschland zu bewahren und zu schützen. Wir wollen, dass die Gesellschaft sich in kleinen Schritten zum Besseren wandelt. Wir hassen die Revolution. Wir hassen die Kommunisten, die eine Revolution anstreben. Sie bedrohen meine Partei und nehmen ihr immer mehr Wähler ab. Wir versuchen daher ständig, der KPD zu schaden.

Kommunist: Ich bin Mitglied der KPD, der Kommunistischen Partei Deutschlands. Wir wollen einen anderen Staat als den, der besteht. Wir wollen die Macht der Kapitalisten brechen. Dazu wollen wir ihre Betriebe enteignen und zu Volkseigentum machen. Die Wirtschaft muss sich an den Bedürfnissen der Menschen ausrichten, nicht am Profit. Wir fordern eine Diktatur des Proletariats*. Den neuen Staat soll unsere Partei führen. Wir sind der Sowjetunion treu ergeben. Unsere Feinde sind die Sozialdemokraten und die Faschisten, die sich bei uns in Deutschland „Nationalsozialisten“ nennen. Wir bekämpfen sie bis aufs Blut.

Nazi: Ich bin Mitglied der NSDAP, der Nationalsozialistischen Deutschen Arbeiterpartei. Wir haben diesen Namen mit Absicht gewählt. Schon mit den Begriffen „sozialistisch“ und

„Arbeiter" wollen wir die Wähler der KPD und SPD auf unsere Seite ziehen. Wir machen keine halben Sachen. Wir kämpfen für einen völlig neuen Staat. Unser Staat soll nur für Deutsche sein. Punkt. Die Deutschen sind ein besonderes Volk, besser als andere Völker. Das ist Tatsache. Alles Artfremde und Asoziale werden wir aussondern und vernichten. Das sagen wir nicht nur, das meinen wir auch so, wie wir es sagen. Wir werden schnell den nächsten Krieg vorbereiten. Dann werden wir für die Deutschen rücksichtslos neuen Lebensraum erobern. Das ist unser großes Ziel. Andere Völker sollen unsere Sklaven sein. So ist das.

Ladenbesitzer: Ich betreibe einen Lebensmittelladen und will ein geordnetes Leben. 1923 habe ich in der Inflation alle meine Ersparnisse verloren. Deswegen traue ich der Politik nicht mehr. Ich spüre, dass alles anders werden muss. Jeden Tag gibt es hier in Berlin Demonstrationen. Meine Frau sagt: „Da macht ja schon der Hund Zicken und will nicht mehr die Straße mang."

Sozialdemokrat: Es ist das Jahr 1929. Wir Sozialdemokraten regieren in Berlin. Die Kommunisten werden in der Stadt immer stärker. Sie bedrohen die Demokratie. Wir müssen ihnen einen entscheidenden Schlag versetzen.

Kommunist: Mit finanzieller Unterstützung der Monopolbourgeoisie* werden vor allem die Faschisten immer stärker. Sie haben sich vorgenommen, das rote Berlin zu unterwandern.

Ladenbesitzer: 1929 verbietet der sozialdemokratische Polizeipräsident von Berlin, Karl Zörgiebel, gemeinsam mit dem sozialdemokratischen Preußischen Innenminister die 1.-Mai-Demonstrationen in Berlin. Meine Frau sagt dazu: „Hoffentlich hammwa da nu endlich mal Ruhe!"

Kommunist: Das Verbot geht darauf zurück, dass die SA, die faschistischen Sturmabteilungen, am 30. November 1928 einen unserer Genossen ermordet hat. Deshalb kam es zu einer Demonstration, bei der die Polizei als Garde des verkommenen kapitalistischen Systems die Demonstranten angegriffen hat. Auch das Mitglied eines deutschnationalen Kampfbundes hat mit angegriffen und ist tödlich verletzt worden.

Nazi: Unsere Kämpfer von der SA greifen gezielt die Kommunisten an. Wir bringen sie auch um. Da kennen wir nichts. So können wir am besten Unruhe stiften. Die Kommunisten haben ja bei den Kleinbürgern keinen Rückhalt. Die Kleinbürger denken nur: Das geschieht den Kommunisten recht.

Ladenbesitzer: Ich denke, die Kommunisten wollen alle enteignen. Was ist dann mit meinem Laden? Meine Frau sagt: „Die Kommunisten machen nur, was der olle Russe will."

Kommunist: Wir müssen uns gegen die Faschisten wehren und haben dazu den Roten Frontkämpferbund gegründet. Der RFB soll uns auch als Armee dienen, um in der kommenden Revolution die bürgerliche Herrschaft zu besiegen.

Sozialdemokrat: Mit dem RFB schaffen sich die Kommunisten ein eigenes Militär. Das müssen wir verhindern. Die Innenminister des Reiches und Preußens bereiten ein Gesetz zum Verbot des RFB vor. Auch die SA soll verboten werden.

Nazi: Die SA soll auch verboten werden. Das erklären sie. Damit ist es leichter, den RFB zu verbieten. Es geht gegen die Kommunisten. Es geht nicht gegen uns. Wir kennen die Tricks. Eigentlich sind die Sozialdemokraten Patrioten. Das wissen wir. Sie passen sich der Herrschaft an. Aber sie wollen trotzdem die Demokratie und das Zeug. Wir werden sie beide vernichten, wie andere Gruppen auch. Nun warten wir still ab.

Sozialdemokrat: Für ein Verbot muss erst erwiesen werden, dass von dem RFB eine „öffentliche Gefahr“ ausgeht.

Kommunist: Wir wissen, was die SPD vorhat: Die KPD soll durch ihr eigenes Verhalten zeigen, dass sie tatsächlich diese öffentliche Gefahr ist. Die Sozialdemokraten sind für uns Sozialfaschisten. Wir nennen sie so, weil sie sich sozial geben, und wenn es darauf ankommt, die Faschisten unterstützen.

Sozialdemokrat: Am Anfang, im Dezember 1928, hat unser Berliner Polizeipräsident Karl Zörgiebel Demonstrationen unter freiem Himmel verboten.

Kommunist: Das soll auch für den 1. Mai gelten. Das können wir uns von den verkappten Vertretern der Monopolbourgeoisie nicht bieten lassen. Es ist der Tag der Arbeit, also unser Tag. Noch dazu jährt sich dieser Arbeitertag zum 40. Mal. Also rufen wir zu den 1.-Mai-Kundgebungen auf, haben aber ausdrücklich angeordnet, keine RFB-Uniformen zu tragen und keine Waffen mitzuführen.

Sozialdemokrat: Wir haben Spitzel bei der KPD. Wir wissen, dass sie unbewaffnet demonstrieren wollen. Aber wir müssen sie herausfordern. Deswegen bereiten wir ein militärisches Vorgehen der Polizei vor, die wir in höchste Alarmbereitschaft versetzen. Außerdem wird jedem einfachen Polizisten scharfe Munition ausgehändigt. Über die ganze Stadt verteilen wir bewaffnete Polizeikommandos. Außerdem sind überall Polizisten in Zivil unterwegs.

Ladenbesitzer: In meiner Straße steht sogar ein gepanzerter Wagen mit zwei Maschinengewehren bereit. Wir sprechen freundlich mit der Besatzung des Panzerwagens. Aber die Polizisten sagen uns nichts. Doch meiner Frau sagen sie: „Bleibt zu Hause, dann passiert euch nichts!“

Nazi: Die SPD geht geschickt vor. Wir können nur von ihr lernen. Auch der *Vorwärts,* die SPD-Zeitung, berichtet wie bestellt. Die Schlagzeile lautet: „Verbrecherische Pläne der Kommunisten“. Gut getroffen!

Sozialdemokrat: Wir müssen den Roten Frontkämpferbund verbieten. Darauf kommt es an. Wir haben alles genau geplant: Die Polizei soll rücksichtslos vom Gummiknüppel Gebrauch machen.

Nazi: Wir haben viele Anhänger bei der Polizei und wir erfahren Folgendes: Aus den Polizeianweisungen wird sogar der Satz „Vom Waffengebrauch ist abzusehen" gestrichen. Da müssen wir uns gar nicht einmischen. Das würden wir so auch machen. Wenn es so weit ist, werden wir noch ganz anders gegen die Kommunisten vorgehen. Da kennen wir nichts.

Sozialdemokrat: Die Kommunisten sind eine große Gefahr für Deutschland. Wir haben alles gründlich vorbereitet, die Rettungsdienste, die Gefangennahme der Demonstranten, die Beschlagnahme allen Fotomaterials, auch schon die Presseerklärung für den nächsten Tag.

Nazi: Im geeigneten Augenblick sollen von Spitzeln unter den Demonstranten Schüsse abgegeben werden. Das soll die Polizei zum Eingreifen nötigen. Einfach, aber effektiv! So kann man auch einen richtigen Krieg vorbereiten.

Ladenbesitzer: Meine Frau sieht, wie bei uns die Kommunisten zusammen das Haus verlassen. Sie sagt: „Gehn die jetz doch aufn Damm, die Verbrecher!"

Kommunist: Am 1. Mai gehen die Arbeiter zu ihren Versammlungsorten, die aber alle von der Polizei besetzt sind. Jede Versammlung wird niedergeknüppelt. Wir wissen, was uns blüht, aber wir müssen unser demokratisches Recht im Klassenkampf verteidigen. Wir versammeln uns immer wieder neu und überschütten die Polizei mit Schmährufen.

Sozialdemokrat: Das tut natürlich weh, so einem Gejohle ausgesetzt zu sein. „Lausejunge“ ist da noch harmlos. „Zörgiebel-Garde“ trifft da schon eher, vor allem aber „Bluthunde“, was die Demonstranten immer wieder schreien.

Kommunist: Die eine Polizeieinheit treibt die Demonstranten der anderen in die Arme, die diese von Neuem auseinanderprügelt. Verständlicherweise wehren sich die Arbeiter nun und treten und schlagen zurück.

Ladenbesitzer: Meine Frau kann das gar nicht verstehen. Sie sagt: „Jetz kriegense da wieder Keile! Wer nich hören will, muss fühlen!“

Kommunist: Dann erkennen die Arbeiter einige der Spitzel unter sich. Die werden so zusammengeschlagen, dass sie ins Krankenhaus müssen. Plötzlich fallen Schüsse. Keiner weiß, woher. Aber die ersten Schüsse reichen, damit die Polizisten selbst schießen.

Ladenbesitzer: Sie schießen wild durch die Gegend. Das ist wirklich gefährlich. Meine Frau zieht mich vom Fenster weg. „Willste ooch zu denen gehören?“, fragt sie. Bis zum Abend sterben sechs Arbeiter, hören wir.

Nazi: Auch ein Sozialdemokrat stirbt durch Kopfschuss. Gibt's denn so was!

Ladenbesitzer: Auf der Suche nach möglichen Tätern durchkämmt die Polizei am Abend sämtliche Arbeiterviertel. Auch in unsere Straße dringen sie vor. Sie kommen wie Soldaten an die Front. Sie leuchten die Häuser ab und stürmen in die Hausflure. Im Unterschied zu anderen lassen wir die Wohnungstür offen und zeigen gleich, dass sich bei uns keiner von denen versteckt. Meine Frau ist aber ziemlich empört. Sie versucht die ganze Zeit, den Hund zu beruhigen. Sie sagt: „Bald sindse weg, die Roten!" Aber dann werfen die Bewohner auch noch Blumentöpfe und Flaschen aus den Fenstern auf die Polizei!

Kommunist: Die Polizei als kriegerische Vertreter der herrschenden Klassen schießt scharf zurück, sogar mit Maschinengewehren.

Ladenbesitzer: Auch in unsere Fassade kracht so eine Gewehrsalve. Meine Frau ist außer sich. Sie schimpft: „Alles nur wegen die Kommunisten!"

Kommunist: In dieser Nacht erschießen die Polizisten 13 Personen, einige auch in den Hausfluren, andere am Fenster ihrer Wohnung, darunter auch vier Frauen, unschuldige Opfer eines abgekarteten Spiels der kapitalistenhörigen Sozialdemokraten.

Sozialdemokrat: Leider trifft es unschuldige Menschen, die in gewisser Weise für ihre Neugier betraft werden. Da ist zum Beispiel eine Erna Köppen, 25 Jahre alt. Die besucht die Witwe Marie Roepner in deren Wohnung im ersten Stock des Vorderhauses in der Hermannstraße 177. Als es draußen knallt, gehen die beiden auf den Balkon, um mal zu gucken, als sie von Schüssen tödlich getroffen werden. Dabei hat die Polizei immer gerufen: „Straße frei!“, und: „Fenster zu!“

Ladenbesitzer: Einige Polizisten begehen Heldentaten. Das kann man am nächsten Tag in der Zeitung lesen. Meine Frau erzählt es überall rum. Ein Polizeileutnant hat sich mit 40 Schuss Munition gegen 1.000 Kommunisten verteidigt. Ein anderer hat allein eine Barrikade erstürmt, wobei ihm die Steine und Kugeln nur so um die Ohren flogen.

Kommunist: Das ist nicht zu glauben. Es ist die Propaganda* des Herrschaftssystems.

Nazi: Wer es glauben will, der glaubt. Am nächsten Tag glauben es alle, außer den Kommunisten. Wir lernen daraus.

Kommunist: Auch am nächsten Abend sterben wieder 13 Menschen, darunter abermals drei Frauen in ihren Wohnungen. Insgesamt sterben 32 Menschen, die alle von Polizeikugeln tödlich getroffen werden, von den vielen Verletzten ganz zu schweigen. Nach eigener Zählung feuern die Polizisten über 10.000 Schuss ab.

Nazi: Wir halten uns nobel zurück. Es trifft die anderen. Folgende Meldung wird verbreitet: Der Rote Frontkämpferbund wäre an den Mai-Unruhen schuld gewesen und hätte sogar einen Putsch versucht. Die Sozialdemokraten machen ihre politischen Gegner wirklich fertig. Und sie erreichen ihr Ziel: Der RFB wird verboten. Nun können wir erst recht wieder zuschlagen.

Kommunist: Danach werden noch Hunderte Arbeiter wegen ihrer „Teilnahme an einer verbotenen Demonstration" angeklagt. Obwohl dabei die Klassenjustiz zu Höchstform aufläuft, kann nicht in einem Fall ein verbotener Waffenbesitz nachgewiesen werden.

Sozialdemokrat: Die Kommunisten haben wirklich nicht geschossen. Wir haben sie überrumpelt.

Kommunist: Die SPD hat die Polizei wie Mörder auf uns losgelassen.

Sozialdemokrat: Dem zwingenden Verbot des RKB für die ganze Republik widersetzen sich immerhin zwei sozialdemokratische Ministerpräsidenten. Einer sagt sogar, dass nicht der RFB die öffentliche Ordnung störe, sondern die Nationalsozialisten.

Nazi: Die Ministerpräsidenten von Hessen und Braunschweig werden wir dann ausschalten.

Kommunist: Auch der Ministerpräsident von Hessen beugt sich dann dem Druck der staatstragenden Partei und stimmt dem Verbot zu.

Ladenbesitzer: Die Polizei hat vielleicht überzogen. Meine Frau sagt: „Jetz soll woll wieder die Polizei schuld sein. Es muss doch mal Ordnung herrschen."

Kommunist: Die Polizei hat die SPD geschickt.

Sozialdemokrat: Wir mussten handeln. Die staatliche Ordnung ist in Gefahr.

Nazi: Keine Angst, wir werden für Ordnung sorgen!

Ins Chaos

Die Erschütterungen durch den verlorenen Krieg und den Fall des Kaiserreiches wirkten fort. Die wirtschaftliche und politische Lage beruhigte sich nur vorübergehend. Auch die im Krieg geschaffenen Feindbilder wurde man nicht wieder los, vor allem durch die neue „staatstragende“ Rolle der SPD. Das Ergebnis war eine Spaltung der Arbeiterschaft, nämlich in diejenigen, die den bestehenden Staat erhalten und ihn durch Reformen, also durch ständige Verbesserungen, ändern wollten – und in diejenigen, die den Staat durch eine Revolution abschaffen und durch einen neuen ersetzen wollten. So gab es zwei „linke“ politische Richtungen, die fortan die deutsche Geschichte prägen sollten: die sozialdemokratische und die kommunistische. Am gefährlichsten für den Bestand der Republik war freilich die Politik der herrschenden Klassen aus Industriellen, Großgrundbesitzern und Adligen. Sie wiegelten zusätzlich die einen gegen die anderen auf und schufen neue Feindbilder. Um von den wirklichen Gründen für den Krieg und die Niederlage abzulenken und die Herrschaft zu behalten, übernahmen sie eine hinterhältige Begründung des Militärs: Man schob die Schuld auf die „inneren“ Feinde, nämlich auf die Sozialdemokraten, obwohl diese den Krieg mitgetragen hatten – und nicht nur auf diese: Auch die Juden machte man nun zu Gegnern des deutschen Volkes. Sie hätten sich angeblich vor dem Krieg gedrückt. Noch während des Krieges hatte man deswegen den Prozentsatz der Juden in der Armee bestimmen lassen, um ihn mit dem Anteil an der allgemeinen Bevölkerung zu vergleichen. Die Untersuchung hatte zu nichts geführt, weil die Annahme nichts als eine böse Unterstellung war, aber wieder war eine schlimme Saat gesät.

Der Niedergang

1929 kehrte die Krise mit voller Wucht zurück. An einem Oktobertag dieses Jahres, dem sogenannten Schwarzen Freitag, brachen in den USA wieder einmal die Börsengeschäfte ein und diesmal die ganze kapitalistische Wirtschaft der Welt. Manager, Unternehmer, Banker und auch der sogenannte kleine Mann hatten mit geliehenem Geld auf immer weiter steigende Aktienkurse gesetzt. Als die Kurse plötzlich fielen, tauschten die Anleger ihre Aktien in Geld, woraufhin die Kurse noch weiter fielen, weshalb die Anleger mit dem Geld aus den Aktien ihre Schulden nicht mehr bezahlen konnten, sodass wiederum die Banken in Geldnot kamen, weswegen sich viele sicherheitshalber ihre Ersparnisse ausbezahlen ließen, was die Banken schließlich in den Bankrott trieb – ein Vorgang, der sich bis heute wiederholt. Damals waren die Folgen ungeheuerlich. Ohne „flüssiges“ Geld wollte niemand mehr spekulieren, bald wagte kaum mehr jemand zu handeln, viele nicht mehr, zu kaufen und zu verkaufen. Waren fanden keine Abnehmer mehr, ganze Fabriken schlossen und die Menschen standen ohne Arbeit auf der Straße. In Berlin war 1932 infolge dieser Weltwirtschaftskrise über eine halbe Million Menschen arbeitslos. Die sozialen Hilfsmaßnahmen trieben auch die Stadt in den Ruin.

In dieser Zeit, als sich immer mehr Menschen den Kommunisten zuwandten, hatten einflussreiche Wirtschaftskreise begonnen, einen aufwieglerischen Kleinbürger und dessen terroristische Partei massiv zu unterstützen. 1932 erhielten die Nationalsozialisten bei den Reichstagswahlen erstmals die meisten Stimmen, doppelt so viele wie die Kommunisten. Berlin war zu einer chaotischen Stadt geworden, in der die Regierung nach und nach die Kontrolle verlor. In täglichen Straßenschlachten versuchten die Kommunisten, aber auch die Sozialdemokraten, die Gewalt der Nazis einzudämmen. Regierung und staatliche Stellen behelligten aber deren Schlägertrupps und ihre Leiter meist nicht. Trotz Hunderter Toter wurde kaum einer der Täter verurteilt. Selbst als die SA zu einer militärischen Kraft geworden war, blieb ihr Verbot nur ein Zwischenspiel. Dabei war Berlin noch immer „rot", mit einer Mehrheit von Kommunisten, seit 1930 die stärkste Partei der Stadt, und Sozialdemokraten. Aber die beiden Arbeiterparteien hatten ihre Spaltung nicht überwunden, im Gegenteil: Auch sie bekämpften sich bis aufs Messer.

Die ganze Weltpolitik hatte sich bis dahin gewandelt, weil das System des Kapitalismus bis

Wladimir Iljitsch Lenin und der von ihm unerwünschte Nachfolger Iossif Wissarionowitsch Stalin um 1922

dahin einen staatlichen Gegner bekommen hatte. Infolge der russischen Niederlage im Ersten Weltkrieg war es Wladimir Iljitsch Lenin (1870–1924) gelungen, einen sozialistischen Staat zu erkämpfen: die Sowjetunion. Dessen System aber war unter Jossif Stalin (1879–1953) bald strikt diktatorisch – und galt trotzdem als vorbildlich. Das Verhalten der Sozialdemokraten im und nach dem Ersten Weltkrieg war nicht vergessen und führte dazu, dass sie bei den Kommunisten bald als „Sozialfaschisten“ galten.

Die Bezeichnung „Faschismus“ entstand in Italien. Dort schuf Benito Mussolini (1883–1945) ab 1922 eine Diktatur, die das angeblich Besondere des italienischen Volkes betonte und ihn als Führer in den Mittelpunkt stellte. Der einzelne Mensch als Staatsbürger sollte keine Rolle mehr spielen. Die Demokratie wurde zerschlagen und es kam zu einer „Gleichschaltung“ des Staates: Andere Meinungen oder Einrichtungen als die offiziellen sollte es nicht mehr geben. Vor allem sollte die Entstehung eines antikapitalistischen Staates verhindert werden. Dieses Staatsmodell übernahmen die Nationalsozialisten als Vorbild. Auch den Sozialdemokraten unterstellten die Kommunisten, im Notfall ein System wie den Faschismus zu unterstützen. Daher bekämpften sie diese unter der Bezeichnung „Sozialfaschisten“ genauso wie die Nazis – eine Politik mit furchtbaren Folgen!

Hatte sich die Weimarer Republik nach schweren Anfängen zunächst gefestigt, so gingen ihr mit der Weltwirtschaftskrise ab 1930 die Anhänger verloren: Republik und Demokratie wurden leere Worte. Arbeit und Ordnung sollten her.

USA

6 Schön gelogen

Was ist wahr? Ich weiß es nicht. Ich bin alt, ich bin uralt und weiß doch weniger denn je. Nichts ist wahr, keinem ist zu trauen, alles ist nur Schein – so kommt es mir oft vor. Vielleicht hat mein Blick auf die Welt damit zu tun, dass ich von Anfang an betrogen wurde. Was schön war, war gelogen. Es war nur Fassade. Dahinter steckten Gewalt und Terror und Krieg. Schön waren 1936 die Olympischen Spiele in Berlin. Wie jung war ich damals, gerade zehn Jahre alt, ein Steppke, der von allem noch nichts verstand.

Dieses Blatt Papier hier in meiner Hand, das war mir mein Leben lang fast heilig. Es verkörpert meine ganze Erinnerung an die Olympischen Spiele.

Es war ein Sonntag, und zwar der 9. August 1936. Ich stand seit einer Stunde mit Hunderten, Aberhunderten anderer Kinder und auch Erwachsenen an dem Weg, den die Athleten zum Stadion nahmen. Wie alle anderen hatte ich davon gehört, dass man ihn dort treffen könne. Dort würde er mit Sicherheit entlangkommen, er – der Superstar aus Amerika. Ich bin mit dem Fahrrad zum Stadion gefahren, obwohl meine Mutter damit nicht einverstanden war.

Als plötzlich alle schrien, war klar: Er kam, er kam wirklich, mit leicht federndem Schritt, halb gehend, halb laufend, seine Sporttasche umgehängt. Er war kaum zu erkennen, weil er sich die Kapuze seiner Jacke übergezogen hatte. Doch er musste es sein, so schwarz, wie er war: Jesse Owens, unser Held! War er

ein Schwarzer, ein Neger, wie man damals noch sagte? Ja, natürlich war er das und doch lautete die Antwort: „Na und! Er ist ein Mensch wie du und ich."
Luz Long, sein Konkurrent und unser deutscher Held, ist geradezu brüderlich mit Owens umgegangen, das hatte ein Nachbar von uns selbst gesehen. Er saß im Olympiastadion zwar ganz weit oben, aber er hatte freien Blick auf die Weitsprunganlage. Long war zu Owens gegangen, im Moment seiner eigenen Niederlage, und hat ihm herzlich zum Weltrekord und Olympiasieg im Weitsprung gratuliert – Owens drittem Olympiasieg, nach dem 100- und 200-Meter-Lauf. Das gefiel meinem Nachbarn so, obwohl er ein bekennender Nazi war, das gefiel allen Zuschauern so. Mich rührte das, wie er davon erzählte. Die beiden waren dann zusammen zu sehen. Sie lagen plaudernd im Gras wie die besten Kumpel der Welt. Und das unter den Augen der Nazis, unter den Augen Hitlers? Na und? Sogar unser Nachbar fand nichts dabei. Waren wir als Deutsche nicht ein tolles Volk, waren wir nicht einzigartig und doch fair und sportlich? Konnten wir nicht stolz auf uns sein? Ja, so war das Gefühl: Wir als Volk unter Hitler zeigen der ganzen Welt, wie großartig wir sind! Keiner muss vor uns Angst haben, alle sind willkommen. Wir sind nicht so, wie die anderen von uns denken! „Die Spiele der XI. Olympiade versprechen somit, das größte Sport- und zugleich umfassende Friedensfest der Weltgeschichte zu werden" – so hieß es doch. Dann kam also Jesse Owens auf uns zu. Wir drängten nach vorn, alle, die wir da standen. Bei so vielen war von Anfang an klar, dass nicht alle ein Autogramm bekommen würden. Doch

gegen die halbstarken Jugendlichen und die Erwachsenen hatte ich keine Chance. Mit meinem Zettel in der Hand kam ich einfach nicht nach vorn. Jesse Owens schrieb und schrieb und ich schob und drückte wie gegen eine Wand aus Watte. Ich sah ihn schon gar nicht mehr und war bereit aufzugeben, als ich mir sagte: Du hast jetzt hier so lange gewartet, du bist drei Stunden mit dem Fahrrad hierher gefahren, du kriegst keine zweite Chance! Mach was!

Ich schaute mich um, schaute vor mich auf die breiten Rücken der Großen, schaute hoch in den Himmel, dann auf den Boden, wo ich die vielen Füße vor mir sah. Da erkannte ich: Wenn es eine Lücke gab, dann dort unten! Beine lassen Lücken, Körper nicht! Ich ging auf die Knie und wieselte zwischen all den Beinen durch, ehe ich mich aufrichtete und plötzlich neben ihm stand. Jesse Owens muss so überrascht gewesen sein, wie ich da aus dem Nichts auftauchte, dass er anfing zu lachen. Ich hielt ihm mein Blatt Papier hin und er nahm es sich gleich. Lachend schaute er mich an und fragte etwas. Ich war ganz benommen und starrte ihn nur an. Dass er auch noch mit mir sprach! Er fragte mich wieder und ich verstand *„name"*. Schnell sagte ich ihm, wie ich heiße. Er fragte noch einmal und ich sagte es wieder. Als er immer noch nicht verstand, malte er mit dem Finger in seine Hand Buchstaben. Da nahm ich ganz selbstverständlich seine Hand und malte ebenfalls mit dem Finger die Buchstaben meines Namens hinein: UWE. Ich tat das noch einmal, ehe Owens es auf meinen Zettel schrieb. „Juwi", sagte er und lachte. Dann signierte er ganz sorgfältig. Ich habe vor Freude immer nur *„Thank you, thank you, Mister*

Owens“ gemurmelt und mehr hätte ich zu der Zeit auf Englisch auch nicht sagen können.
Nun, dieses Autogramm habe ich bis heute gehütet wie einen Goldschatz. Doch längst erscheint es mir so, als wäre dieser Goldschatz zu einem Haufen Blech geworden. Denn meine Freude an den Olympischen Spielen haben die Nazis gemacht, indem sie ganz Berlin in Feststimmung versetzt hatten, ja, sie haben meine Freude für sich genutzt, indem sie mich dazu brachten, an sie und ihren mörderischen Staat zu glauben. Sie haben erlaubt, dass wir Jesse Owens anhimmeln, den sie als „Untermenschen“ ein paar Jahre später in ihren Lagern ermordet hätten. Sie haben mit den Olympischen Spielen die ganze Welt betrogen. Und unter diesem großen Betrug haben später alle ihre eigenen Betrügereien verborgen und unter diesen Betrügereien wiederum die Lügen und unter diesen Lügen die Unaufrichtigkeiten. Wenn man sich einmal auf den Teufel eingelassen hat, muss man sein Spiel bis zum Ende mitspielen.
Der große Betrug zeigte sich nur drei Jahre nach den Olympischen Spielen, als die Nazis Polen überfielen und die ganze Welt in den Krieg stürzten. Aber das ganze Ausmaß dieses Betruges zeigte sich erst nach dem Ende des Krieges, als ich ohne Eltern in zerschlissener Uniform durch das zerbombte Berlin irrte und es nicht mehr zu leugnen war, wie die Nazis mit denen umgegangen waren, die nicht in ihr Rasseschema passten. Diese Zahl von sechs Millionen – das sprengt jede Vorstellung!
Danach hörte ich, wie die Geschichte von Jesse Owens in den USA erzählt wurde: Als Owens seine erste Goldmedaille im 100-Meter-Lauf gewonnen hatte, stürmte Hitler aus dem Sta-

dion, um ihm deswegen nicht gratulieren zu müssen! Denn Owens hätte den Anspruch der Nazis der Lächerlichkeit preisgegeben, dass die „arische Rasse“ die überlegene sei. Allerdings passte dazu nicht, was Owens selbst erzählte. In seinem Land herrschte die Rassentrennung und er sagte: „Als ich in mein Heimatland zurückkam, nach all den Geschichten über Hitler, konnte ich nicht vorn im Bus fahren. Ich musste zur hinteren Tür gehen. Ich konnte auch nicht wohnen, wo ich wollte. Man hatte mich nicht eingeladen, Hitler die Hand zu geben, aber man hatte mich auch nicht ins Weiße Haus eingeladen, um dem Präsidenten die Hand zu geben.“

Wie musste sich Owens getroffen fühlen! Er war der schnellste Mensch der Welt, hatte die meisten Goldmedaillen errungen und als er im New Yorker Waldorf-Astoria-Hotel mit den anderen Olympia-Sportlern empfangen wurde, musste er als Schwarzer den Lastenaufzug nehmen! Und danach? Was waren seine Siege wert? Er lief gegen Rennpferde um die Wette wie in einer Zirkusnummer und er sagte: „Es hieß, es sei entwürdigend für einen Olympiasieger, gegen ein Pferd um die Wette zu rennen, aber was sollte ich machen? Ich hatte vier Goldmedaillen, aber man kann Goldmedaillen nicht essen.“

Inzwischen ist noch eine seltsame Geschichte von Jesse Owens zu den Olympischen Spielen verbreitet. Er hat sie selbst erzählt: Bei der Qualifikation zum Weitsprung hatte Owens schon einen ungültigen Versuch, weil ein Sprung zum Aufwärmen sofort gezählt worden war. Verärgert, wie er war, trat er beim zweiten Versuch über. Nun blieb nur noch ein Versuch und er musste den Balken treffen. Da kam der Deutsche Luz Long zu ihm, als Europameister sein schärfster Rivale. Er empfahl ihm, den Absprungpunkt ein Stück vor dem Brett zu setzen, um so nicht wieder zu übertreten. Die geforderte Weite würde er trotzdem spielend schaffen. Und so kam es. Im Finale lieferte sich Owens dann einen spannenden Wettkampf mit Long, den er erst am Schluss endgültig bezwang. Long war dann der Erste, der ihm gratulierte, und zwar ganz herzlich.

Dazu sagte Owens später: „Es brauchte sehr viel Mut, sich vor Hitler mit mir anzufreunden. Man kann alle meine Medaillen und Pokale einschmelzen und sie würden doch nicht die 24-Karat-Freundschaft aufwiegen, die ich in diesem Augenblick für Luz Long empfand. Hitler muss verrückt geworden sein, als er sah, wie wir uns umarmten. Das Traurige an der Geschichte ist, dass ich Long nie wiedersah. Er wurde im Zweiten Weltkrieg getötet."

Was für eine verrückte Geschichte, die ja Luz Long erst recht so sympathisch macht. Beseelt von Fairness und Sportlichkeit hilft er seinem wichtigsten Konkurrenten zum Sieg! Nur hat zu der Zeit niemand beobachtet, dass Long und Owens schon vor dem Weitsprungfinale miteinander gesprochen hätten!

Owens hat später einmal gesagt: „Diese Art Geschichten hören die Leute gern, also erzählt man sie." Geschichten also! Doch wenn es nur eine Geschichte wäre: Gewinnt Owens dadurch nicht noch hinzu? Sein damaliger Freund wird durch diese Geschichte erst recht groß! Aber was ist überhaupt wahr?

Ich zweifele längst alles an, bis zum Ende, nämlich auch das: Vielleicht habe ich noch nicht einmal Jesse Owens' Autogramm. Wie ich längst weiß, hat man für Owens in Berlin bald

einen anderen schwarzen Sportler eingesetzt, der sich als Owens ausgab. Wegen der vielen Autogramme, die er selbst nämlich immer und überall geben musste, bekam er bald Schmerzen im rechten Arm. Er fürchtete, dass ihn das beim Laufen beeinträchtigen könnte.
Owens musste sich verkaufen. Er musste seine Siege noch nachträglich zu Geld machen. So ist die Welt: Sie will diese Geschichten und die Helden brauchen die Geschichten und die Zuschauer wollen sie.
Aber dann werden auch diese Geschichten, die ja so nicht stimmen, weiterhin benutzt. Nachrichtensender profitieren davon, auch Berlin und vielleicht auch die olympische Idee, vielleicht sogar der Sportsgeist. Nur frage ich mich, was überhaupt wahr ist. Die Welt will betrogen sein – das wissen die Menschen seit jeher. Nur ich komme erst am Ende meines Lebens dahinter. Mein Autogramm von Jesse Owens werde ich aber mit ins Grab nehmen.

Berlin im Nationalsozialismus

Die modernen Olympischen Spiele werden immer den Makel tragen, dass ihre Idee 1936 von den Nazis missbraucht worden ist, und zwar mit Duldung fast aller Länder der Welt. So viele hatten zuvor gewarnt: Die Nazis werden euch blenden, sie werden die Spiele nur dazu benutzen, um sich in Szene zu setzen, sie werden so tun, als ob. Wer an den Olympischen Spielen unter dem Hakenkreuz teilnimmt, erkennt auch die Politik an, für die das Hakenkreuz steht.
Alle Welt wusste bis dahin, welche Politik das Deutsche Reich unter den Nationalsozialisten betrieb: Mit der Machtübernahme am 30. Januar 1933 schalteten die Nazis in kurzer Zeit alles aus, was einen freien Staat und freie Bürger ausmacht: garantierte Rechte für jeden, eine republikanische Staatsform, demokratische Entscheidungen. Es gab bald keine freien Wahlen mehr, keine Gleichheit vor dem Gesetz, keine freie Meinungsäußerung, keine Gewerkschaften, keine Versammlungsfreiheit, kein Briefgeheimnis. Weil die Nazis obendrein daran glaubten, die Deutschen wären anderen Völkern „rassisch“ überlegen und die „Rasse“ der Juden würde die Welt für sich ausbeuten, führten sie im September 1935 die **„Nürnberger Gesetze“** ein.
Bei denen, die bei der Machtübernahme der Nazis die Verfassung der Weimarer Republik, also die Bürgerrechte, zu verteidigen gehabt hätten, stießen sie auf wenig Widerstand: Bei den Beamten und Staatsangestellten. Sie trauerten meistens immer noch dem Obrigkeitsstaat des deutschen Kaiserreiches

Nürnberger Gesetze → Die sogenannten Nürnberger Gesetze besagten, dass nur noch „reinrassige" Deutsche auch deutsche Staatsbürger sein durften, Juden also nicht. Auch die Ehe zwischen „Deutschen" und insbesondere Juden, aber auch „Negern", wurde verboten, sogar der Geschlechtsverkehr. Als Deutscher galt dabei derjenige, dessen vier Großeltern als „deutschblütig" ausgewiesen werden konnten. So gab es fortan tatsächlich Menschen mit der Bezeichnung „Vierteljuden". Die Juden wurden also gesetzlich aus dem deutschen Staat ausgeschlossen.

nach. Für sie ging es eher um Pflichterfüllung und Diensttreue als um demokratische und rechtstaatliche Überzeugungen. Und wer sich doch einen unabhängigen Geist bewahrt hatte, wurde schon am Anfang entlassen. Noch im Jahr 1933 wurden alle Beschäftigten von Berlin, und das waren 100.000 Menschen, auf ihre Gesinnung überprüft, wobei Kommunisten, Sozialdemokraten und Juden meist umgehend entlassen wurden. Ihre Stellen besetzten nationalsozialistische Funktionäre.
So pflanzten die Nazis ihr mörderisches System nicht nur in jeden öffentlichen Bereich des Staates, sondern auch in jeden Verein und jedes Haus und obendrein in die Köpfe und Herzen der Menschen. Zugunsten von „Ruhe und Ordnung" unter dem „Führer" Adolf Hitler nahm man Einschränkungen hin und auch dass jeder jeden bespitzeln und heimlich verraten konnte. Man war stolz darauf, wieder eine blühende Wirtschaft ohne Arbeitslosigkeit zu haben, und wollte und konnte nicht erkennen, wie alles auf Schulden aufbaute und gezielt der Krieg geplant wurde. Man war stolz, Deutscher zu sein.

Kein Boykott der Spiele

Die ganze Welt starrte auf dieses „nationalsozialistische" Deutschland, einen der mächtigsten Industriestaaten. Man wusste, wie in diesem Land nun der schiere Terror herrschte, wie Folter und Mord auf der Tagesordnung standen, systematisch betrieben in sogenannten Konzentrationslagern. Die Olympischen Spiele lebten jedoch vom Geist der Völkerverständigung. Sie sollten dazu dienen, eine friedliche und gerechtere Welt zu schaffen. Dass daher das Deutschland unter der Nazi-Herrschaft die nächsten Olympischen Spiele ausrichten würde, was ja lange vor 1933 entschieden worden war, erschien wie Hohn auf die olympische Idee. Wie sollten Prinzipien wie Freundschaft, Solidarität und Fairness in einem Land gelten, in dem mit den „Ariern" angeblich die beste „Rasse" von Menschen lebte, in dem Juden als minderwertig galten und als Staatsbürger keine Rechte mehr hatten?
Besonders in den USA sprach alles für einen Boykott der Olympischen Spiele, vor allem nach der Einführung der „Nürnberger Gesetze". Doch der Leiter des amerikanischen Olympischen Komitees war insgeheim ein Bewunderer des Nazi-Reichs und manipulierte die entscheidende Abstimmung. Hätten die USA ihre Teilnahme verweigert, wären wohl andere Staaten gefolgt. Auf jeden Fall wären die Olympischen Spiele gebrandmarkt gewesen. So aber musste dies wie eine Bestätigung der Politik der Nationalsozialisten erscheinen.
Die Nazis nutzten dann die Spiele wie nie zuvor. Sie veranstalteten eine perfekt organisierte Show, die von nachhaltiger

Zum ersten Mal in der Geschichte der Olympischen Spiele wird das olympische Feuer von einer Läuferstaffel in das Stadion gebracht.

Wirkung war. So ist zum Beispiel das olympische Feuer, das im griechischen Olympia entzündet und dann als Fackel von Staffelläufern bis in das jeweilige Olympiastadion getragen wird, eine Erfindung der Nazis.

Zum ersten Mal wurde der Sport schamlos in den Dienst der Politik gestellt. Leider ließen sich die meisten ausländischen Gäste blenden, wenn ihnen die Politik der Nazis nicht sogar gefiel. Berlin wurde für die Spiele „schön“ gemacht. Ganze Straßenzüge hingen voller Fahnen, Girlanden und Hakenkreuzen. Die bis dahin üblichen Schilder wie „Für Juden verboten“ wurden entfernt, freilich auch die Sinti und Roma der Stadt, die man vor den Spielen in ein Sammellager sperrte. Zugleich mussten die politischen Gefangenen vor den Toren der Stadt das KZ Sachsenhausen errichten. Für die Besucher Berlins aber bot sich das Bild einer Stadt voller zufriedener Menschen, die sich ihren besonderen „Führerstaat“ erschaffen hatten.

Nichts war bei den Olympischen Spielen dem Zufall überlassen. Alles war perfekt geplant und alles wurde in Szene gesetzt. Das ganze olympische Dorf war eine einzige heile Welt. Es gab für die Sportler alle Annehmlichkeiten, gutes Essen, Betreuung, kulturelles Programm, Sauna, Empfänge, eigene Wohnungen. Ruhe war garantiert.
Die Berliner selbst gefielen sich darin, wieder ganz weltoffen zu sein, nachdem sie bereits über drei Jahre lang, abgeschnitten von der Welt, die nationalsozialistische Politik ertragen und getragen hatten. Die meisten schwärmten für den „Führer“ und das „Dritte Reich“. Kritik konnte daher kaum jemand aus dem Ausland hören.

Von den Spielen zum Krieg

Was die Nazis wirklich wollten, zeigte sich nur zwei Jahre nach den friedlichen Olympischen Spielen. Im März 1938 ließ Hitler sein Heimatland Österreich gewaltsam „heim ins Reich“ holen, im Oktober das Sudentenland, den deutsch besiedelten Teil der Tschechoslowakei. Im November folgte die Reichspogromnacht gegen die Juden, auf deren Vermögen es der Staat abgesehen hatte. Fast alle Synagogen und jüdischen Geschäfte im „großdeutschen Reich“ wurden zerstört und geplündert, Hunderte von Juden ermordet und Tausende in Konzentrationslagern inhaftiert. Als die Wehrmacht dann im März 1939 die sogenannte Resttschechei besetzte, hatten die Nazis damit endgültig bewiesen, welcher Terror von ihnen ausging. Der Krieg stand vor der Tür.

Adolf Hitler persönlich ermunterte noch kindliche Jugendliche zum Volkssturm.

Wer in diesem System als Kind aufwuchs, hatte eigentlich keine Chance, nicht zum Nazi zu werden. Die Kinder sollten im Glauben an den „Führer" groß werden, verbunden mit der Bereitschaft, sich für ihn und seinen Staat notfalls zu opfern. Ende 1936 wurde es für jeden Jungen zur Pflicht gemacht, in die „Hitlerjugend" einzutreten, für jedes Mädchen in den „Bund deutscher Mädel". Damit mischte sich der NS-Staat massiv in die Erziehung der Kinder, die nun eher an den „Führer" als an ihre Eltern glauben sollten. Bei Ausflügen, Zeltlagern, Aufmärschen und Arbeitsdiensten sollten sich die Kinder in der Masse unterordnen. Man schulte sie für den Krieg. Jegliche Art von Sport stand daher an erster Stelle. Der Hitlerjugend gehörten 1939 fast neun Millionen Kinder an, also eigentlich alle. Behinderte Kinder gehörten nicht dazu. Sie wurden später gezielt ermordet. Wer sich 1936 als Jugendlicher an den Olympischen Spielen und damit am nationalsozialistischen Deutschland begeistert hatte, schoss vielleicht schon drei Jahre später im Krieg auf Menschen.

7 Ein letzter Weg

Gibt es noch Hoffnung? Man muss sich an etwas halten, auch wenn man kaum noch Halt finden kann. Es klopft! Wer ist das? Es klopft gleich wieder. Dreimal. Keine Angst! Das ist Ruth. Sie hat sich noch Verstand bewahrt und ein Herz.
„Gibt es noch Hoffnung, Ruth?", fragt er.
„Guten Tag, Herr Herrmann*! Wie meinen Sie das?", antwortet Ruth und überreicht ihm einen ganzen Korb voll Eier. Er lächelt kurz, eingeübt, und legt die Eier liebevoll einzeln auf den Tisch. Er weiß, es ist nicht gerecht, ausgerechnet ihr so eine Frage zu stellen. Er will ja gar nicht daran denken, was diese Frage genau meint. Jeden Tag heckt der Staat neue Schikanen gegen die Juden aus. Wohin soll das führen? Wohin muss das führen?
„Gestern wollten zwei Jugendliche auf mich los", sagt er, eigentlich nur um abzulenken. „Sie haben auf den Stern gedeutet und geschrien, wir Juden hätten uns gegen das deutsche Volk verschworen. Ich bin auch Deutscher, habe ich gesagt. Da haben sie gelacht. Der eine hat dann ausgespuckt, aber sie haben mich in Ruhe gelassen, vielleicht weil andere Leute kamen. Aber von denen hat keiner was gesagt. Die jungen Leute sind ja die schlimmsten: So fanatisch! Früher hätten die doch was hinter die Löffel gekriegt. Früher ... Da war ich wirklich noch Deutscher."
„Sie sind Deutscher", sagt Ruth.
„Jetzt weiß ich es nicht mehr. Ich weiß es wirklich selbst nicht mehr."

„Sie haben die Schuhe an, Herr Herrmann. Wohin wollen Sie?“, fragt Ruth, die nun ihrerseits ablenkt.
Sie hat ja recht: Das Gespräch so umzubiegen, ist wichtig. Inzwischen macht es jeder, auch ganz bewusst. Auch so kann man flüchten.
„Ich will zur Staatsbibliothek. Ich brauche noch Informationen für mein Buch.“
„Ich komme mit.“
„Den langen Weg?“
„Langer Weg? Ein paar Stationen mit der S-Bahn ... Ach so, Sie dürfen nicht mehr.“
Juden dürfen keine öffentlichen Verkehrsmittel mehr benutzen. Wie sollte Ruth daran denken? Sie lebt ja in einer anderen Welt.
Sie schweigt kurz, hebt dann den Kopf und sagt: „Ich begleite Sie.“
Er lächelt gequält und sagt: „Danke!“
Ruth an seiner Seite ist ein Schutz für ihn. Er nimmt seine verschlissene Jacke mit dem gelben Stern darauf. Ohne dieses Zeichen darf er sich nicht mehr in der Öffentlichkeit zeigen. Alle sollen erkennen, dass er anders ist. Gibt es noch Hoffnung? Vielleicht.
Ruth geht neben ihm. Sie traut sich, ihn zu begleiten. Schon das würden viele nicht mehr wagen und tun würden sie es sowieso nicht. Sich mit einem Juden abgeben! Die sind doch unser Unglück!
Er ist mit seinem Buch fast am Ende. Es ist das Letzte, was er noch tut. Ohne die Arbeit daran hätte er vielleicht schon ganz

anders Schluss gemacht, zusammen mit seiner Frau. Sie unterstützt ihn. Gerade ist sie mit ihrer Schwester unterwegs, um unter der Hand Mehl und Zucker zu besorgen. Vor 15.30 Uhr dürfen Juden nicht mehr einkaufen und danach gibt es in den Läden meist nichts mehr.

Die Sonne scheint warm und leuchtet auf dem Weg alles aus. Doch wirkt in der Stadt nur noch das Grau der Straßen und Häuserwände. Es ist Krieg.

An einer Kreuzung bleiben die beiden stehen.

„Hier lang!“, sagt Ruth. „Kennen Sie den Weg nicht mehr?“

„Doch“, sagt er, „weil ich den Weg kenne, müssen wir hier lang, nicht durch den Tiergarten.“

„Oh, nicht durch den Tiergarten? Dort ist es grün. Dort ist Schatten.“

„Juden dürfen keine Grünanlagen mehr betreten.“

„Scheiße!“, sagt Ruth laut. „Entschuldigen Sie. Das kann doch alles nicht wahr sein.“

Sie gehen schweigend weiter, halten sich südlich und ziehen durch graue Straßen, wo nur Frauen, Kinder und Alte unterwegs sind. Immer wieder müssen sie den Leuten ausweichen. Keiner weicht ihnen aus. Einmal macht Ruth mit ihm am Arm bewusst keinen Schritt zur Seite. Der junge Mann läuft in sie hinein.

„Passt doch auf, Judenpack“, schimpft der.

Ruth antwortet nicht. Was soll sie sagen? Pass du doch auf! Nein, schon das wäre eine Gefahr.

Es gibt nur noch wenig Hoffnung, weiß er, auch wenn er bei seinem Motto bleibt: Man soll sich nicht ängstigen in der Welt.

Manchmal bleiben sie kurz stehen, um zu verschnaufen. Die Sonne heizt ein. Zweimal gehen sie an einem Flecken Grün vorbei, wo eine Bank steht. Sie können sich nicht setzen. Auf der Bank steht: „Für Juden verboten".

Ruth murmelt in sich hinein und schüttelt immer wieder den Kopf. Er sieht es aus dem Augenwinkel. Solange sie – gibt es vielleicht doch noch ...

Ab dem Potsdamer Platz müssen sie immer wieder vom geraden Weg abweichen. Die Straßen in der Nähe der Neuen Reichskanzlei dürfen Juden nicht betreten.

Nach zwei Stunden kommen sie zur Staatsbibliothek. Die Universitätsbibliothek hätte eine geeignetere Auswahl an Büchern, aber er darf sie nicht mehr benutzen. 42 Jahre lang hatte er an der Universität gelehrt.

Auch den Lesesaal der Staatsbibliothek darf er nicht mehr betreten. Juden dürfen auch keine Bücher mehr entleihen, sondern sie nur noch an der Ausleihe einsehen.

Er will nicht daran denken, wie sein Buch einmal erscheinen soll. Es gibt keinen Platz mehr dafür. Aber er wird die Arbeit daran noch beenden. Vielleicht hilft Kultur gegen die Barbarei. Das Buch handelt von der berufsmäßigen Entstehung der Schauspielkunst.

Mit müdem, aber festem Schritt geht er die Treppen hoch zur Ausleihe. Auch Ruth ist erschöpft. Die Kühle in dem großen Gebäude wirkt angenehm. Einige Sofas sind nicht besetzt und sie steuern auf eins zu, ohne nachzudenken.

Erschöpft setzen sie sich. Es tut gut, wenn der Rücken einmal entlastet ist und sich die Muskeln entspannen können.

Noch ehe der Puls zur Ruhe gekommen ist, läuft ein Beamter auf sie zu und sagt aufgeregt: „Was erlauben Sie sich? Sie wissen doch ganz genau, dass Juden hier im Haus nicht sitzen dürfen.“

Er richtet sich langsam auf, ohne zu stöhnen. Ruth fasst ihn am Arm, wie sich das gehört. Erst als er sich ganz erhoben hat, geht der Beamte wieder an seinen Platz.

Es ist gewiss: Es gibt keine Hoffnung mehr. Er ist immerhin 75 Jahre alt geworden.

Er stellt sich an eines der Stehpulte und hält eine Stunde lesend durch.

Er muss dann noch nach Hause gehen. Er hofft, dass seine Frau und ihre Schwester gut zurückgekommen sind, dass sie zurückgekommen sind.

Im Zweiten Weltkrieg

Obwohl Berlin zu einer nationalsozialistischen Supermetropole mit dem Namen Germania aufgebaut werden sollte, könnte man meinen, den Nazis wäre die Stadt doch nie ganz geheuer gewesen. Immerhin hatten bei den letzten freien Wahlen in Berlin die Kommunisten mit 31 Prozent der Stimmen die Mehrheit errungen. Ihre Massenveranstaltungen hielten die Nazis jedenfalls in Nürnberg ab. Bezeichnend scheint auch ein Tagebucheintrag eines amerikanischen Berichterstatters über die Reaktion der Bevölkerung, als 1938 das Sudetenland an Deutschland angeschlossen wurde, eigentlich ein „großer" Tag für Hitler, vor dem die Welt anscheinend in die Knie gegangen war: Obwohl der Auszug der Soldaten aus der Stadt auf die Zeit nach Arbeitsende gelegt wurde, weigerten sich die meisten, dem Spektakel zuzuschauen. „Und jene Handvoll, die am Straßenrand stand, verharrte in völligem Schweigen, unfähig zu einer Freudenreaktion angesichts der Blüte der Jugend, die da in den ruhmreichen Krieg zog."

Nicht einmal zwei Jahre später versammelten sich allerdings Zehntausende Berliner am Brandenburger Tor, um ausgelassen die Niederlage Frankreichs zu feiern. Damit war tatsächlich der sogenannte Erbfeind besiegt und Hitler auf dem Höhepunkt seiner Macht. Die Menschen rechneten nun damit, dass der Krieg bald ein Ende hätte. Doch lag das Ziel der Nazis darin, den Osten Europas als Siedlungs- und Herrschaftsgebiet für die Deutschen zu erobern. So marschierte die Wehrmacht am 22. Juni 1941 in die Sowjetunion ein. Man wollte auch diesen riesigen Staat in einem sogenannten Blitzkrieg überrennen und blieb doch bald in den Weiten des Landes stecken. Trotzdem konnte man zuerst noch an einen Erfolg glauben.

Terror gegen die Juden

Eben zu dieser Zeit, im Januar 1942, beschlossen die Nazis in der Wannseekonferenz die Ermordung aller Juden Europas. Damit begann auch in Berlin das schrecklichste Kapitel der deutschen Geschichte, das bis heute mit dem Verstand kaum zu fassen ist. Über 50.000 Juden lebten bis dahin noch in der Stadt. Von diesen überlebten nicht mehr als 1.500, die meisten davon nur deswegen, weil sie mit einem „Arier" verheiratet waren. Systematisch waren die Juden in Deutschland entrechtet worden: Ab 1933 durften Juden keine Beamten mehr sein, dann

Männer der SA 1933 bei einem Hetzmarsch gegen die Juden in den Straßen von Berlin

keine Steuerberater mehr, dann keine Lehrer und Hochschullehrer. 1935 wurden Juden vom Wehrdienst ausgeschlossen. Sie durften nicht mehr als Haushaltshilfen, Gewerbelehrer, Kirchenmusiker, Kunst- und Antiquitätenhändler, Kinobetreiber, Schwimmmeister arbeiten. Außerdem wurden sie nicht mehr als Ärzte oder Apotheker zugelassen. Durch die „Nürnberger Gesetze“ von 1935 wurden Juden auch rechtlich zu Bürgern zweiter Klasse gemacht. Anhand der Abstammung wurde zwischen „Ariern“ und Juden unterschieden, die wiederum in „Volljuden“ und „jüdische Mischlinge“ eingeteilt waren. „Arier“ durften keine Juden mehr heiraten, auch keinen Sex haben. Ab 1938 mussten alle Juden einen bestimmten „jüdischen“ Zusatznamen führen; wer keinen solchen Vornamen hatte, musste Israel oder Sara als Vornamen hinzufügen. Dann durften Juden keinen Einzelhandel mehr betreiben, keine Versandgeschäfte, auch keine Handwerksbetriebe mehr leiten, auf keinen Messen und Märkten mehr ausstellen. Es war ihnen nicht mehr erlaubt, „deutschblütige“ Frauen zu beschäftigen. Juden wurden von der staatlichen Sozialfürsorge ausgeschlossen. Dann durften sie nicht mehr als Elektriker und Gasinstallateure und als Ärzte arbeiten, nicht mehr als Rechtsanwälte und schon bald nicht mehr als Apotheker, Zahn- und Tierärzte. Alle jüdischen Börsen und Großmärkte wurden geschlossen. Jüdische Schüler konnten kein Abitur mehr machen. Dann wurden die Juden gezwungen, ihren Besitz dem Staat zu überlassen. Ihre Reisepässe wurden mit einem „J“ versehen, sodass sie auf der Flucht als Juden zu erkennen waren. Schließlich durften sie keine Wohnungen mehr mieten, mussten ihre Radios abgeben, erhielten keine Kleider mehr, keine Schokolade, keine Milch, kein Fleisch. Als sie nichts mehr hatten, wurden sie deportiert. Fast jeden Tag wurden die zur Ermordung bestimmten Juden in Berlin vor allem zum Güterbahnhof Grunewald getrieben und dort in Eisenbahnwaggons gesperrt, die bald direkt nach Auschwitz fuhren. All dies geschah unter den Augen der Berliner Bevölkerung, die bei alledem meist nur neugierig gaffte. Weit im Osten Europas spürten nach dem Angriff auf die Sowjetunion Sondereinheiten hinter der Front möglichst alle Juden auf und ermordeten sie.

Der Krieg in der Stadt

Für die Mehrzahl der Berliner waren die direkten Folgen des Krieges erst relativ spät zu spüren. Für die englischen und amerikanischen Bomber war der weite Anflug auf die Hauptstadt des Deutschen Reiches lange Zeit noch zu gefährlich. Erst ab

Der Deutsche Volkssturm: ein Verband aller „waffenfähiger Männer im Alter von 16 bis 60 Jahren“.

dem Jahr 1943 begannen dann jedoch die stärksten Bombardierungen. Wenn diese die Stadt schon in ein Trümmerfeld verwandelten, so tat die „Schlacht um Berlin“ ihr Übriges. Die Reichshauptstadt sollte „bis zum letzten Mann und zur letzten Patrone“ gegen die vorrückenden sowjetischen Truppen verteidigt werden. Dazu wurden im „Volkssturm“ schon 16-Jährige in den Krieg geschickt, die mit besonderem Eifer kämpften. In ihrem ganzen Leben waren sie von den Nazis auf den Führer, die Volksgemeinschaft und den Krieg eingeschworen worden. Allein dieser Kampf kostete noch einmal Zehntausende Menschen, Soldaten und Zivilisten, das Leben. Die Sowjets mussten Straße für Straße im Häuserkampf erobern.
Als am 30. April 1945 Hitler und sein Propagandaminister Joseph Goebbels endlich Selbstmord begingen und somit in Berlin am 2. Mai die Waffen schweigen durften, glich die Stadt einem riesigen Pompeji – den Ruinen der vom Vesuv verschütteten römischen Stadt. Genau wie die Gebäude waren die Menschen am Boden zerstört. Ein jahrelanger Albtraum schien zu einem Ende gekommen zu sein. Doch für viele ging der Kampf ums Überleben weiter. In der Stadt irrten obdachlose Menschen umher, ehemalige Soldaten, Flüchtlinge, Zwangsarbeiter, Kriegsgefangene, Juden, die überlebt hatten. Sie alle brauchten Essen. Tatsächlich stellte die sowjetische Militärverwaltung erhebliche Nahrungsmengen bereit, doch sie konnte nicht verhindern, dass sich die Soldaten an den verhassten Deutschen vergingen, besonders an den Frauen.
Vor allem die Jugend staunte erschüttert: Die Kinder waren mit dem Glauben an die Überlegenheit der Deutschen groß gewor-

den und erlebten nun, wie sich das gesamte Dritte Reich in Luft auflöste. Plötzlich gab es keine Parteiabzeichen mehr, keinen Führergruß und keine Hakenkreuze. Fast alle Erwachsenen waren bestrebt gewesen, vor dem Feind zu kapitulieren, und alle duckten sich nun und schwiegen. Keiner wollte ein Nazi gewesen sein, keiner etwas „gewusst" haben.

Als wollten sich die Menschen durch Arbeit ablenken, fingen sie an, ihre Stadt wiederaufzubauen, in einem unerhörten Tempo: So fuhr nicht einmal ein halbes Jahr nach Kriegsende auf fast allen Linien wieder die U-Bahn. Alle Menschen wurden zum Wiederaufbau verpflichtet. Die sogenannten Trümmerfrauen prägten das Straßenbild, die im Häuserschutt die Ziegelsteine einsammelten, abklopften und sortierten. Während viele Männer wieder in den Fabriken arbeiteten oder sich als Soldaten in Krankenhäusern oder noch in Kriegsgefangenschaft befanden, waren es vor allem die Frauen, die das Leben der Familien organisierten.

Die Nazizeit wurde zurückgelassen wie ein zerstörtes Fahrzeug in einer Sackgasse. Man wollte eine ganz neue Strecke nehmen. Dazu musste man sich bald für zwei Wege entscheiden: Einer führte nach Westen, der andere nach Osten.

Die Trümmerfrauen schufen mit ihrem Einsatz die Grundlage für das Fortbestehen der Innenstädte.

Tempelhof

8 Gespräch in der Stille

„Wann kommt die nächste Maschine? Es kommt doch immer die nächste Maschine! Wie lange fliegen die jetzt schon? Wann haben sie damit angefangen, die Amis?"
„Am 24. Juni ..."
„Ja, ich weiß: Am 24. Juni 1948. Heute ist der 19. April 1949, ha, ein Tag vor dem wichtigsten Feiertag, den wir hatten."
„Hör auf damit! Wir können froh sein ..."
„Also wie lange fliegen sie schon? Seit zehn Monaten, wa, seit, Moment, wie viele Wochen sind das?"
„Vierzig ..."
„Genau, seit 40 Wochen, jeden Tag, alle drei Minuten ein Flugzeug. Aber warum kommt jetzt keine neue Maschine? Sie sind doch immer geflogen. Wo bleibt denn die nächste? Die Amis werden doch nicht –!"
„Bleib mal ruhig! So musst du dich auch nicht aufregen! Da wird schon wieder ..."
„Wer weiß, was hinter den Kulissen gespielt wird? Wie sollen denn die Amis eine ganze Stadt auf Dauer aus der Luft versorgen? Würden sie diese Insel auch noch verteidigen, vielleicht mit Panzern? Nein, das könnten sie nicht. Andererseits: Das würde auch Krieg bedeuten."
„Der ist ja nun zum Glück ..."
„So weit ist der Ivan doch nicht gegangen, den Westen von Berlin einfach zu besetzen. Aber die Verbindungswege kappen, das können die natürlich. Das haben sie sich schön ausge-

dacht. Wie hamse jesagt: ‚Die Transportabteilung der sowjetischen Militärverwaltung sah sich gezwungen, aufgrund technischer Schwierigkeiten den Verkehr aller Güter- und Personenzüge von und nach Berlin morgen früh, sechs Uhr, einzustellen.' Technische Schwierigkeiten! In der Nacht war plötzlich zappenduster, als sie das Kraftwerk Zschornewitz abgeschaltet haben. Wo bleibt denn nur die nächste Maschine?"

„Wenn wieder eine abgestürzt ..."

„Jetzt iss schon zehn Minuten rum und nischt iss zu hören! Dass die Amis uns überhaupt helfen – vier Jahre nach dem Krieg, wo sie eifrig mitgeholfen haben, unsere Städte in Schutthaufen zu verwandeln! Na ja, aber wir hatten nun mal den ollen Hitler. Aber war das unsere Schuld? Hätten wir wissen können, was der im Schilde führt? Wir Kleenen ham doch sowieso nichts gewusst! Oder? War doch so?"

„Du hast schon ..."

„Von den großen Schweinereien, wat hamwa da jewusst? Nischt! Aber wenn der Ivan hier doch das Sagen kriegt?"

„Da ginge es einigen aber schlecht von uns, richtig schlecht. Ich möchte nicht wissen, wie viele hier Dreck am Stecken haben, die da im Osten gekämpft haben. Was allein mit den Juden passiert ist! Du musst auch ..."

„Klappe halten! – heißt es da besser! Der Ivan macht ja da keinen großen Unterschied! Die schicken auch die kleinen Helferlein aufs Schafott oder ab nach Sibirien!"

„Aber im Westen lassen sie plötzlich alle laufen! Wenn ich sehe, wer hier schon wieder alles auf der Behörde sitzt! Auf einmal sind das alles Demokraten! Hauptsache, bei dir ..."

„Wir müssen ja jetzt auch bezahlen, richtig teuer. Wie geht es uns denn? Nichts zum Heizen, nichts zum Futtern! Aber die Amis zeigen, dass sie uns nicht im Stich lassen. Wenn nur verdammt noch mal endlich die nächste Maschine zu hören wäre!"
„Wenn in dem ganzen Ablauf einer mal ausrutscht, reißt der alle mit. Es muss ja nur auf der Startpiste in Wiesbaden ein Flugzeug liegen bleiben, dann ..."
„Die Amis können organisieren, doch, das können sie! Da können sogar wir uns noch ein Scheibchen abschneiden. Wenn da beim Adolf nur nicht so viel bestochen worden wäre!"
„Red doch nicht mehr so! Manchmal habe ich das Gefühl, du denkst immer noch ..."
„Nein! Wir wollen doch nun auch so sein wie die, mit der Demokratie und so. Anders haben wir sowieso keine Chance mehr in der Welt. Wie lange wird das wohl dauern, ehe das mit dem Krieg vergessen ist? Da ist es fast wie ein Wunder, dass die Amis uns nicht dem Wolf zum Fraß vorwerfen. Na ja, ein Wunder nicht. Die haben ja jetzt ihren neuen Feind. Aber was sollen wir denn machen, wenn die uns trotzdem aufgegeben haben und der Russe hier Kasatschok tanzt? Warum zum Teufel kommt die nächste Maschine nicht?"
„Die kommt schon! Bleib jetzt man auf dem Teppich! Außerdem warst du auf jeden Fall in Kriegsgefangenschaft bei den Amis, das hast du ja schriftlich! Das schützt dich schon mal. Was du davor genau gemacht hast, das können die ja nicht so leicht ..."
„C54, klasse Maschinen! Wie beruhigend ihr Brummen klingt. Vier Sternmotoren mit je 1.500 PS! Das sind schon tolle Kis-

ten. Dass die Amis das alles über den Teich geschippert haben! Unglaublich! Da konnten wir nie den Krieg gewinnen! Solche Verbündete brauchen wir, nicht diese Sowjets, wie sie genannt werden wollen! Weißt du, die haben hier wirklich Wasserhähne aus der Wand gedreht, um die zu Hause einzuschrauben und darauf zu warten, dass wieder Wasser rauskommt."
„Von wem hast du das? Das kann doch nie einer in Wirklichkeit ..."
„Das haben sie doch überall erzählt! Das passt doch genau! Mit Panjewagen waren sie unterwegs, mit Pferdekutschen! Wo bleibt nur die nächste Drecksmaschine? Wie viel Zeit ist denn schon vergangen?"
„Viertelstunde! Fang jetzt nicht an auszu..."
„Verdammte Scheiße! Ich habe keine Lust auf ein Strafgericht beim Ivan! Da zaubern die plötzlich Beweise hervor, die keiner prüfen kann! Ich habe ja auch nur Befehlen gefolgt. Wer beim Adolf nicht wollte, den haben sie doch – ruck, zuck ging das! Du weißt doch, wie das war!"
„Von dem Kruppke weiß ich, dass der ..."
„Ich habe keine Lust auf den Strick. Ich will nicht nach Sibirien. Warum bleibt es so still? Wieso kommt denn der verdammte Ami nicht? – Da! Hörst du das? Hörst du das Brummen? Es wird lauter. Hörst du das? Ja, es ist wieder da! Es geht weiter. Das ist die C54. So klingt das süße Lied der Freiheit. Jetzt werden die Motoren gedrosselt. Hörst du? Jetzt geht die Maschine in den Sinkflug. Da, es wird leiser. Sie hat aufgesetzt. Wir sind gerettet!"
„Du bist gerettet."

Die Luftbrücke

Schon vier Jahre nach dem Ende des Zweiten Weltkriegs drohte ein neuer, riesiger Krieg, nämlich zwischen den neuen Weltmächten USA und UdSSR. Ausgerechnet in der Hauptstadt des Deutschen Reiches, das unvorstellbaren Terror über die Menschen gebracht hatte, kam es zum vollständigen Bruch zwischen den Alliierten Frankreich, Großbritannien, USA und der Sowjetunion, die zusammen das Nazireich niedergerungen hatten. In London und danach in Jalta hatten sie am Ende des Krieges gemeinsam entschieden, Deutschland in verschiedene Einfluss-Sphären aufzuteilen; Berlin sollte gemeinsam regiert werden. Doch schnell kam es zu solchen Meinungsverschiedenheiten, dass an eine gemeinsame Regierung nicht mehr zu denken war. Es ging für jede Seite darum, ihr eigenes Gesellschafts- und Wirtschaftssystem durchzusetzen. Kapitalismus oder Sozialismus, das war die Frage.

Schon in den ersten Wahlen zeigte sich im Westen, dass die Bevölkerung eines nicht wollte: eine Art von Sozialismus wie in der Sowjetunion. In der ersten freien Wahl in Berlin 1946 erhielt die SED, die „Sozialistische Deutsche Einheitspartei“, die den Zusammenschluss von SPD und KPD verkörpern sollte, nur knapp 20 Prozent der Stimmen. Sogar in dem Bundesland Nordrhein-Westfalen, wo 1947 die erste freie Wahl stattfand, wählten nur 14 Prozent die KPD; die SPD zwar immerhin 32 Prozent, aber doch über 37 Prozent die neu gegründete CDU, die „Christlich Demokratische Union Deutschlands“. Da-

bei liegt in diesem Bundesland das Ruhrgebiet, damals das Herz der deutschen Industrie mit Hunderttausenden von Arbeitern.
Man folgte schnell konservativen Politikern, die ein Staatssystem wie in den westlichen, kapitalistischen Staaten versprachen. So erreichte die CDU bei der ersten Bundestagswahl 1949 die Mehrheit, schon in der zweiten Wahl 1953 sogar die absolute. Unter dem Bundeskanzler Konrad Adenauer (1876–1967) und seinem Wirtschaftsminister Ludwig Erhard (1897–1977) setzte man auf die „freie Marktwirtschaft“ und eine Hinwendung Deutschlands zum Westen, das heißt zur neuen Weltmacht USA. Zwar bedeutete dies, auf die Einheit Deutschlands zu verzichten, doch dies wurde unter der Vision hingenommen, dass es später zu einer Wiedervereinigung käme. An einem Fortbestehen des Kapitalismus in Deutschland, freilich unter demokratischen und rechtsstaatlichen Bedingungen, hatten nicht nur die meisten deutschen Politiker ein großes Interesse, sondern auch die westlichen Staaten selbst. Schließlich hatte der „Kalte Krieg“ begonnen. Für den neu gegründeten westdeutschen Staat führte dies obendrein schnell zu einem Ende der sogenannten Entnazifizierung und obendrein zu einer massiven Wirtschaftsförderung durch die USA, dem „Marschallplan“. Wer sich als Land daran beteiligte, erhielt großzügig Nahrungsmittel und auch Kredite, also geliehenes Geld. Damit konnte die Industrie Maschinen, Ersatzteile und Rohstoffe kaufen.
In der sowjetischen Besatzungszone waren die Bedingungen für den Wiederaufbau völlig anders. Um die Beeinflussung durch die USA abzuwehren, verbot Moskau die Unterstützung

durch den Marschallplan. Allerdings war die kriegszerstörte Sowjetunion selbst nicht in der Lage, die ostdeutsche Wirtschaft umfangreich zu unterstützen, zumal die berechtigte Forderung bestand, dass die Deutschen für die unvorstellbar großen Kriegsschäden aufkommen sollten. Deshalb demontierten die Sowjets wichtige Industrieanlagen, auch Bahngleise. Diese Demontagen dauerten in Westberlin bis 1949, in Ostberlin dagegen bis 1953. Zugleich begann man in der sowjetischen Besatzungszone mit der Enteignung der Industriellen und Großbauern, was zunächst zu eingeschränkter Produktion führte. Obendrein wurde von den ostdeutschen Arbeitern härtestes Arbeiten verlangt, um die Wirtschaft „nach Plan" wiederaufzubauen und die Überlegenheit des Sozialismus zu zeigen. Die Entwicklung stockte. Die Stadt begann, sich zu teilen.

Der Westen hält West-Berlin

Während man in Ostdeutschland noch lange von einem gemeinsamen „neutralen" Deutschland ausging, arbeitete man in den westdeutschen Besatzungszonen ab 1948 auf einen eigenen Staat hin. Dafür schuf man in den USA eine neue Währung, die D-Mark, und führte diese auch im Westen Berlins ein. Das konnte die Sowjetunion, die nicht miteinbezogen worden war, nicht dulden. Sie antwortete auf ihre Weise: Sie sperrte alle Land- und Wasserwege nach West-Berlin und riegelte die Stadt so nach Westen ab. Das wiederum forderte die Westalliierten so sehr heraus, dass sie beschlossen, ihre drei westlichen Sektoren aus der Luft zu versorgen, eigentlich ein Ding

US-amerikanische Transportflugzeuge vom Typ C-47 mit Hilfsgütern werden auf dem Flughafen Tempelhof entladen.

der Unmöglichkeit. Sie spürten freilich auch schnell, welche ungeheuere Propagandawirkung sie damit erreichen würden. Der Kalte Krieg hatte unmissverständlich begonnen.
Zwar hatten die West-Berliner immer die Möglichkeit, sich im Ostteil der Stadt und im Umland zu versorgen, ja dies förderte die Ostberliner Regierung sogar durch die Ausgabe von Lebensmittelkarten. Doch die West-Berliner gingen darauf kaum ein. Als Ausdruck des Protests boykottierten sie die östliche Hilfe.
Außer den USA beteiligte sich auch Großbritannien mit allen Kräften an der Luftbrücke, die immer besser ausgebaut wurde. Täglich gelangten bald Tausende Tonnen Fracht in die Stadt, darunter nicht nur Lebensmittel, sondern auch Kohle, damit die Menschen ihre Wohnungen heizen konnten. Der Winter war besonders kalt. Sogar die Bestandteile für ein Stromkraftwerk

flog man in die Stadt ein. Über dem Himmel Berlins dröhnten pausenlos die Flugzeugmotoren. Von drei verschiedenen Luftwaffenstützpunkten in Westdeutschland versorgten die Amerikaner und Engländer die eingeschlossene Stadt. Über 280.000-mal landeten die Versorgungsflugzeuge, bald scherzhaft „Rosinenbomber“ genannt, weil die Besatzungen beim Landeanflug immer mal wieder Süßigkeiten für die Kinder abwarfen. Zwar gab es über hundert Unfälle und auch 76 Todesopfer, doch war diese Zahl angesichts der vielen Flüge erstaunlich gering. Am Ende war das System so ausgereift, dass damit tatsächlich die Bevölkerung vollständig versorgt werden konnte.
Dieser Anstrengung und diesem Willen musste die Sowjetunion am Ende nachgeben. Am 12. Mai 1949 wurden die Zufahrtswege nach West-Berlin wieder geöffnet, wobei die Versorgungsflüge noch eine Zeit lang weiterliefen. In der Propaganda des Kalten Krieges hatte der Westen einen großen Erfolg erzielt: Der Westen Berlins würde kein Teil der sowjetischen Besatzungszone werden. Die Spaltung der Stadt war nun in den Köpfen der Menschen verankert. Als wenig später die Bundesrepublik Deutschland gegründet wurde und daraufhin die Deutsche Demokratische Republik, wurde West-Berlin faktisch ein Teil der Bundesrepublik Deutschland. Der Westen hatte damit einen „Pfahl im Fleische der Sowjetzone“, wie schon 1951 Ernst Reuter (1889–1953) sagte, der erste Regierende Bürgermeister von West-Berlin. Der Bau einer Mauer zur Trennung sollte dann sozusagen die logische Folge sein.

94

9 Reim drauf

Was ich für 'ne Schwester hab! Interpretieren, sage ich. Auf dieses doofe Gedicht hab ich echt keinen Bock. Was soll ich da jetzt reinlesen? Oder rauslesen! 'ne halbe Stunde starre ich da schon drauf und weiß nicht, was ich schreiben soll. Es sagt doch alles selbst! Was soll ich da noch interpretieren?

Die Lösung

Bertolt Brecht

Nach dem Aufstand des 17. Juni
Ließ der Sekretär des Schriftstellerverbands
In der Stalinallee Flugblätter verteilen,
Auf denen zu lesen war, dass das Volk
Das Vertrauen der Regierung verscherzt habe
Und es nur durch verdoppelte Arbeit
Zurückerobern könne. Wäre es da
Nicht doch einfacher, die Regierung
Löste das Volk auf und
Wählte ein anderes?

Du haspelst das ja runter wie der Papst die Osterbotschaft, sagt meine ach so kluge Schwester.
Wie der Papst die was, frage ich.
Egal, sagt sie. Das ist doch ein Gedicht. Mach doch da mal 'ne Pause, wo ein Absatz ist.

Gedicht, sage ich. Wo? Da reimt nix. Da gibt's keinen Vers.
Sie: Ist eben modern. Moderne Lyrik. Außerdem passt hier doch ein Reim gar nicht zum Inhalt. Das Gedicht gibt doch einen bürokratischen Vorgang wieder.
So, frage ich und lese das Gedicht noch mal vor.
Sie stöhnt auf und sagt: Wie eine automatische Telefonansage musst du aber auch nicht sprechen.
Ich: O.k., weißt halt alles besser. Ich kann mich da eben nicht so reinfühlen! Wenn sich das noch nicht mal reimt ...
Sie: Aber wenn du's in der Schule vorträgst, soll sich das wenigstens nicht so anhören, als wäre es dir scheißegal.
Ist es mir aber, sage ich. Ich habe mir das nicht ausgesucht. Wobei ... Eigentlich ... Doch, ich habe mir das aus diesen *Buckower Elegien* ausgesucht, weil das mit am einfachsten ist.
Sie: Bucko-er Elegien wird das gesprochen.
Ich: Von mir aus: Bu-cko-er Elegien!
Sie: Bucko-er EleglIen, nicht ElEgien!
Okay, sag ich, und jetzt sag ich dir, was drinsteht: Also, da war dieser Arbeiteraufstand in der Ostzone, in der DDR, den die sowjetischen Panzer ja wohl niedergewalzt haben, weil – die Arbeiter wollten eigentlich nur weniger arbeiten, also nicht mehr – mehr arbeiten –, nicht mehr arbeiten als vorher und dann haben sie demonstriert und wollten auf einmal auch freie Wahlen und den Walter Ulbricht weghaben, aber dann sind eben die Russen mit ihren Panzern ...
Sie: Wenn du das so erzählst, kriegst du 'ne schöne Note! Dann lies besser das Gedicht vor! Das musst du doch sowieso. Der Brecht hat ja auf den Punkt gebracht, worum es ging.

Vielleicht, sage ich, vielleicht hat der das irgendwie doch gut zusammengefasst.
Und was ist die Aussage, fragt meine schlaue Schwester.
Steht doch da, sage ich: Wäre es da nicht doch einfacher, die Regierung löste das Volk auf und wählte ein anderes?
Sie: Und wer sagt das?
Wer sagt das, sage ich. Der Dichter natürlich, der Bertolt Brecht.
Sie: Aber dieser Satz ist doch eine Frage. Der Satz vorher ist keine Frage.
Ich: Und?
Muss man dir alles erklären, fragt sie. Der erste Satz ist eine Feststellung, der zweite ein Kommentar.
Aha, sage ich.
Sie: Also, was ist die Aussage?
Ich: Mann, bist du ein Lehrer.
So sind große Schwestern, sagt sie.
Blöde Gedichte, sage ich. Computerzeitschriften sind mir lieber.
Das merkt man, sagt sie. Also?
Ich: Also: Es wäre einfacher, wenn die Regierung das Volk auflöst und ein anderes wählt!
Geht das, fragt sie.
Nein, sage ich.
Sie: Also?
Ich: Also ist das ein Witz. Das Volk ist ja wohl immer dasselbe.
Was ist also die Aussage, fragt sie.
Dass sich die Regierung dem Volk anpassen muss, sage ich.
Sie: Bravo. Aber wollte Brecht das?
Bestimmt, sage ich, sonst hätte er es wohl nicht geschrieben!

Tja, sagt sie, das weiß ich auch nicht.
Nein, sage ich, das kann nicht sein!
Sie: Was?
Ich: Dass du das mal nicht weißt!
Sie: Haha! Weiß ich eben nicht. Ich weiß nur, dass es in den *Buckower Elegien* auch darum geht, dass die schwarzen Wasser der Sintflut so langsam abfließen.
Ich: Was?
Sie: Die schwarzen Gewässer der Sintflut als Bild für die Nazizeit, die noch längst nicht verronnen ist. Ich dachte, du hast die *Buckower Elegien* gelesen. Das ist auch ein Gedicht daraus. Hier steht's:

Beim Lesen des Horaz

Selbst die Sintflut
Dauerte nicht ewig.
Einmal verrannen
Die schwarzen Gewässer. Freilich, wie wenige
Dauerten länger!

Oh Mann, sage ich.
Sie: Wieso?
Das hast du echt gut vorgelesen, sage ich.
Sie: Ich denke, Brecht war ziemlich sarkastisch, als er das mit dem Volk-Auflösen geschrieben hat. Aber er wollte einfach nur zum Nachdenken anregen. Vielleicht wollte er nur sagen: Na ja, nach der Nazizeit haben wir nun mal dieses Volk. Man

muss es trotzdem für voll nehmen und es nicht wie ein kleines Kind behandeln. Er hielt doch zur DDR und vielleicht wollte er ihre Führung nur warnen: Ihr könnt euch doch nicht so über das Volk erheben! Das lässt sich in so einer Situation nicht zurechtweisen wie ... wie ...

Ich: Gar nicht schlecht, was du da sagst. Nicht so schnell. Ich komme ja mit Schreiben nicht mehr nach. ... in so einer Situation nicht zurechtweisen wie ... wie was?

Fällt mir jetzt nicht ein, sagt sie.

Wie ein ungezogener Bengel, frage ich.

Sie: Gut!

Ich: ... zurechtweisen wie ein ungezogenes Kind. Punkt. Also wenn ich jetzt noch die ganzen Hintergründe zur Entstehung abschreibe, reicht das. Und das kleine Gedicht mit dem Horaz nehme ich auch noch dazu.

Faule Socke, sagt sie. Könntest echt mehr draus machen!

Ich: Was du da auch alles reindenkst! Immerhin: Es steht doch 'ne ganze Menge drin in so ein paar Zeilen!

Sie: Auch wenn die sich nicht mal reimen tun!

Ich: Hab ich eine tolle Schwester!

Der 17. Juni 1953

Der 17. Juni 1953 ist als sogenannter Volksaufstand in die Geschichte eingegangen, und das war er tatsächlich: ein Aufstand eines großen Teils der Bevölkerung der DDR. In der deutschen Geschichte gab es zuvor kein Ereignis, bei dem ein großer Teil des Volkes demonstriert hätte. Das sollte sich erst beim Niedergang der DDR wiederholen. Es gibt eigentlich allen Grund, von diesem Aufstand als einer Revolution zu sprechen. Allerdings bedeutet eine Revolution, dass ein altes, überkommenes Staatssystem durch ein neues, fortschrittliches ersetzt wird. Beim Aufstand des 17. Juni wollte aber die Bevölkerung nur ein anderes, „altes" System übernehmen, nämlich das der BRD. Im Sinne der DDR gab es ja bereits ein modernes Staatssystem, das sozialistische. Deswegen wurde der Aufstand des 17. Juni dort als „Konterrevolution" gesehen, also als ein Vorgang, bei dem die alten Herrschaftsmächte die Revolution wieder rückgängig machen. Im Grunde bedeutet eine Revolution etwas Fortschrittliches und darin zeigt sich die Schwierigkeit in der Beschreibung der Vorgänge des 17. Juni 1953.

Ab dem Sommer des Jahres 1952 sollte in der DDR der Sozialismus verstärkt durchgesetzt werden. Durch erhöhte Steuern setzte der Staat vor allem die Bauern und Gewerbetreibenden unter Druck, um sie zur Aufgabe ihres Privateigentums zu zwingen. Zugleich sollte in der DDR die kaum vorhandene Schwerindustrie entwickelt werden. Die Herstellung von Konsumgütern stand dagegen zurück. Durch die Umwälzungen in der Landwirtschaft, begleitet von Missernten, kam es 1953 zu einer Ernährungskrise. In der Bevölkerung wuchs der Unmut. Vor diesem Hintergrund entschied die Regierung zugleich, bis zum 60. Geburtstag des SED-Vorsitzenden Walter Ulbricht (1893–1973) die Arbeitsnormen zu erhöhen. Das bedeutete, dass die Arbeiter mehr arbeiten sollten, um den gleichen Lohn zu bekommen. Die DDR-Regierung erkannte bald, dass sie den Bogen überspannt hatte, und nahm etliche Verfügungen zurück. Doch die Normerhöhung für die Arbeiter sollte bleiben.

Das Volk gegen den Staat

So kam es am 16. Juni an zwei Ost-Berliner Großbaustellen zum Streik, darunter ausgerechnet auch in der Stalinallee, danach und noch bis heute Karl-Marx-Allee genannt, die als ganze Straße in einem damals modernen sowjetischen Architekturstil für das Volk gebaut wurde. Die Arbeiter zogen demonstrierend durch die Stadt. Obwohl ihnen vor dem Regierungsgebäude versprochen wurde, die Normerhöhung zurückzunehmen, demonstrierten sie weiter. Sie riefen nun zum Generalstreik auf, forderten freie Wahlen und den Rücktritt der Regierung.
Am nächsten Tag, dem 17. Juni 1953, befand sich die ganze DDR in Aufruhr. Besonders die Klasse von Menschen, auf der sich die DDR angeblich gründete, demonstrierte: die Arbeiterschaft. Zwar verliefen die Demonstrationen ungeordnet, doch hatten sie in fast allen Städten ein Ziel: die staatlichen Einrichtungen wie Parteizentralen, Polizeireviere, Gefängnisse, die oft gestürmt und auch verwüstet wurden. Sogar Kioske mit den staatlichen

Junge Männer bewerfen am Leipziger Platz in Ost-Berlin sowjetische Panzer mit Pflastersteinen.

Zeitungen wurden zerstört, die rote Fahne am Brandenburger Tor heruntergeholt und angezündet. Volkspolizisten wurden massiv angegriffen. Fünf wurden erschossen. Der Aufstand richtete sich offensichtlich gegen das neue sozialistische Gesellschaftssystem. Die Regierung floh zu den sowjetischen Befehlshabern in der DDR, die unverzüglich ihre Truppen entsandten. Das Erscheinen sowjetischer Panzer beendete schnell die Aufstände. Dabei starben etwa 50 Menschen.

Der Aufstand konnte auch deswegen so schnell niedergeschlagen werden, weil die Demonstranten erkennen mussten, dass die westlichen Staaten nicht eingreifen würden. Dazu war die politische Lage im Kalten Krieg viel zu gefährlich. Um protestierenden Menschen in Ostdeutschland beizustehen, hätten die Westmächte keinen Krieg riskiert.

Dass dieser Aufstand wirklich auf das ganze Gebiet der DDR übergegriffen hatte, war damals auch gar nicht klar, jedenfalls nicht im Westen.

Die Regierung der DDR wusste selbstverständlich Bescheid. Denn die Bevölkerung hatte in der Mehrheit gezeigt, dass sie die neue Staatsform des Sozialismus nicht haben wollte. Wie dies schon in den ersten Wahlen 1948 in Berlin deutlich geworden war, gab es in Deutschland keine Mehrheit für den Sozialismus, und zwar erst recht nicht für den Sozialismus nach sowjetischem Vorbild. Nicht einmal im einst „roten" Berlin hatte die Bevölkerung mehrheitlich für die SED, die Sozialistische Deutsche Einheitspartei, gestimmt. Diese Tatsache konnte man sich natürlich nicht eingestehen, weil sie die Existenz der DDR infrage gestellt hätte. Daher verbreitete man als Erklärung, der Aufstand wäre von Spitzeln aus Westdeutschland und West-Berlin angeleitet worden.
Tatsächlich gab es damals in West-Berlin eine Einrichtung, die großen Einfluss auf die DDR hatte: den RIAS, den „Rundfunk im amerikanischen Sektor", der am 17. Juni sozusagen *live* von den Ereignissen in Ost-Berlin berichtete. Durch diese Berichterstattung erfuhren die DDR-Bürger überhaupt erst, was im Land vor sich ging. Nur gehörte auch diese Form der Propaganda im Kalten Krieg zum Alltag. Dass der RIAS in der DDR – und später das „Westfernsehen" – überhaupt eine solch überragende Bedeutung hatte, lag nun mal auch am Misstrauen der Bevölkerung in die eigene Regierung.

Brecht am Ende

Für alle, die bis dahin ernsthaft an den Aufbau eines neuen, besseren Deutschland geglaubt und dafür gekämpft und gearbeitet hatten, war der 17. Juni 1953 ein entscheidender Einschnitt. Zwar waren die Strafen danach hart, es gab auch Todesurteile, aber man versuchte, schnell wieder zur Tagesordnung überzugehen. Doch die Regierung konnte fortan ihrem eigenen Volk nicht mehr trauen. Der Schock saß tief. Dies zeigt sich exemplarisch am Verhalten Bertolt Brechts (1898–1956). Er war 1949 nach Ost-Berlin gekommen, in die entstehende DDR, den einzigen deutschsprachigen Staat, in dem er überhaupt willkommen war. Unermüdlich arbeitete er für sein Theater am Schiffbauer Damm und leistete damit seinen Teil zum Aufbau des Sozialismus, an den er glaubte. Den Westen mit seinem kapitalistischen System hielt er für abbruchreif.

Brecht bedrückten die Vorgänge des 17. Juni sehr. Zwar hielt er den Aufstand für konterrevolutionär und begrüßte seine Niederschlagung durch die sowjetische Armee, doch wollte er die Führung der DDR auch durch Kritik vorwärtstreiben. Deswegen verfasste er eine persönliche Erklärung zur Veröffentlichung, in der er eine Aussprache mit den Massen forderte. Doch diese wurde nicht gedruckt.

Danach zog sich Brecht nach Buckow zurück, in ein Landhaus, das er außerhalb der großen zerstörten Stadt Berlin gekauft hatte. Dort schrieb er im Sommer 1953 die *Buckower Elegien*, in denen er die Vorgänge des 17. Juni lyrisch verarbeitete. Sie erschienen erst 1964 vollständig, zuerst nur im Westen, darunter auch das Gedicht *Die Lösung*. Die 16 Gedichte sind ein gutes Beispiel dafür, was Lyrik ausmacht: Obwohl die Gedichte schlicht gehalten sind, oft scheinbar nur von der Natur sprechen, sind sie doch ein tief gehendes politisches Bekenntnis:

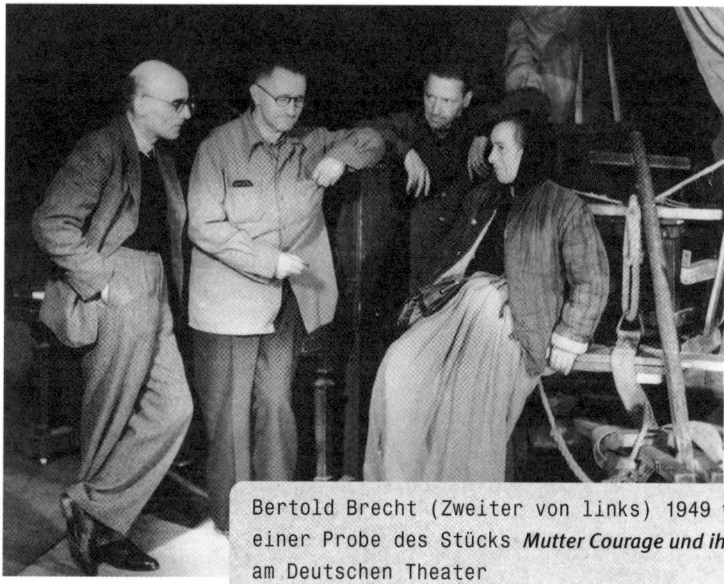

Bertold Brecht (Zweiter von links) 1949 während einer Probe des Stücks *Mutter Courage und ihre Kinder* am Deutschen Theater

Welches, darüber gehen die Meinungen bis heute auseinander. Entscheidend dafür ist noch immer der politische Standpunkt. Feststellen kann man aber mit Gewissheit, dass auch Brecht geschockt war. Während der 17. Juni im Westen zum Symbol für die Freiheitsbestrebungen der DDR-Bevölkerung wurde, sah er in dem Aufstand den übermächtigen Einfluss des westlichen, kapitalistischen Systems und die Nachwirkungen der Nazi-Zeit. Er notierte dazu: „Der 17. Juni hat die ganze Existenz verfremdet."

Brecht starb schon 1956. Er hat nicht mehr miterlebt, wie die DDR durch den Mauerbau „gesichert" wurde und ihre nicht vom Volk bestimmte Regierung hinter geschützten Grenzen ihre Art von Sozialismus entwickelte.

10 Untergang

Uff, diese Mauer wäre auch geschafft. Darüberzusteigen ist für einen jungen Mann wie mich doch ein Leichtes. Dass einer von der Charité kommt und dort über die Mauer klettert, damit rechnen sie bestimmt nicht – jetzt, wo sie ja eine ganz andere Mauer bauen! Ich habe alles tagelang ausgekundschaftet. Hier ist unbewohntes, unübersichtliches Gelände. Ich sehe keinen. Pocht mir das Herz im Hals! Mach ruhig, Günter! Bisher ist ja alles gut gelaufen. In ein paar Minuten hast du es geschafft. Ich verhalte mich mal ganz still. Mal sehen, ob die Luft rein ist! Die Luft rein! So ein Quatsch! Ich bin ja kein Verbrecher! Still jetzt! Konzentration! Ist irgendjemand in der Nähe? Auf der anderen Seite werden bestimmt genug Leute zusehen und mich aus dem Wasser ziehen. Heute Abend bin ich schon zurück in meiner West-Berliner Wohnung und morgen wieder bei der Arbeit. Ich werde mir zur Feier des Tages ein Hemd schneidern, wie es die Welt noch nicht gesehen hat, jedenfalls meine Kunden noch nicht. Da werde ich meine ganze Kunst zeigen. Ich werde mir einen Namen machen, im Modegeschäft, wo viel Geld zu verdienen ist. Ich habe ja jetzt schon berühmte Kunden, Schauspieler, Künstler, Prominente. Was die sagen werden, wenn ich endlich zurück bin!
Wegen Mutter tut es mir leid. Ich habe ihr nichts gesagt, um sie nicht zu erschrecken. In den nächsten Tagen wird sie davon erfahren. Vielleicht interviewt mich der RIAS. Dann kann sie es hören – oder ein anderer, der es ihr dann sagt. Sie wird

es verstehen. Und irgendwann kommt sie nach, hoffe ich. Dann werde ich auch genügend Geld haben. Ich werde viel verdienen.
Ich höre nichts, ich sehe nichts. Keiner da. Also los! Zur Brücke und dann zum Hafen! Schleichen wie eine Katze! Ein Schritt, noch ein Schritt, noch einer! So, hier bin ich an der Brücke. Die wird natürlich bewacht, wie sie ja jetzt alles bewachen. Sie lassen nichts aus. Aber hier unten werden sie nicht stehen! Von hier kann ja keiner über die Brücke! Sie stehen oben, bestimmt! Nur noch unter der Brücke durch!
Mist, da ruft einer! Haben sie mich doch gesehen! Schnell, laufen, schnell, schnell! „Stehen bleiben!“, ruft der. Der kann mich mal! Ich habe es gleich geschafft. Der kriegt mich nicht mehr. Wenn er wüsste, was ich vorhabe! Schnell zum Wasser, schnell, schnell! Stehen bleiben? Schreit der schon wieder? Soll er schreien! Lauf, Günter, lauf! Was war das? Nein, das kann nicht sein! Zwei Schüsse! Der hat geschossen! Das kann doch nicht wahr sein! Wenn er mich ins Bein trifft, ist meine Flucht zu Ende. Aber jetzt hält mich nichts mehr. Schwimmen kann ich trotzdem, auch mit einem Schuss im Bein.
„Stehen bleiben!“
Was mache ich jetzt? Wenn der wieder schießt und mich wirklich ins Bein trifft, komme ich nicht bis zum Wasser! Da, die Steintreppe! Die kommt mir gelegen. Jacke aus? Nein, das geht jetzt nicht mehr. Schnell, schnell! Oh, das Wasser ist frisch. Schwimmen! Ich komme vorwärts, es geht, auch mit Jacke. Was war das? Verdammt, der schießt immer noch! Drei Schüsse ins Wasser, vor mich hin! Hör auf zu schießen, Mann! Willst du

mich umbringen? Ich bin doch schon weg! Was wollt ihr mit mir? Ich will nicht bei euch bleiben. Da drüben ist das andere Ufer! Das ist doch weit jetzt! Aber ich komme näher. Schwimmen! Kräftige Züge! Nicht umdrehen! Schwimmen! Über Wasser halten! Ich schaffe es!
Ah! Was war das? ... Ich kann mich nicht mehr bewegen! Es wird dunkel. Tut mir leid, Mutter!

Die Mauer

Das erste Todesopfer an der Berliner Mauer war der 24-jährige Günter Litfin am Nachmittag des 24. August 1961. Er hatte sich der Grenze über das riesige Gelände des Krankenhauses Charité genähert und war dort über die Begrenzungsmauer gestiegen. Auf dem Weg zu dem etwa 40 Meter breiten Humboldthafen entdeckten ihn zwei Polizisten und forderten ihn auf, stehen zu bleiben. Günter Litfin rannte los. Daraufhin gab einer der Polizisten zwei Warnschüsse ab. Litfin rannte weiter, stieg eine Treppe hinab in den Hafen und schwamm los. Daraufhin schoss der Polizist dreimal vor ihm ins Wasser. Litfin schwamm trotzdem weiter. Daraufhin schoss der Polizist zweimal gezielt. Litfin ging unter. Unter den Augen von Hunderten Menschen wurde seine Leiche drei Stunden später von Froschmännern aus dem Hafenbecken geborgen, wobei man darauf achtete, sie vor den westlichen Fotografen abzuschirmen.
Am nächsten Tag wurde sein Bruder von der Polizei abgeführt und verhört, außerdem die Wohnung der Mutter durchsucht. Ihnen wurde nichts vom Schicksal Günter Litfins erzählt. Erst als das West-Berliner Fernsehen davon berichtete, hörten sie von seinem Tod. In der Todesanzeige und auch auf der Beerdigung durfte die Todesursache nicht erwähnt werden. Weil aber der Westen weiterhin über den hinterhältigen Tod Litfins berichtete, versuchte sich die DDR-Regierung zu rechtfertigen. Dazu stellte man Liftin als Verbrecher dar. In einer Ostberliner Zeitung hieß es:

Man scheut dabei auch nicht zurück, einen mehrfach vorbestraften Kriminellen, der am 24. August von unserer Kriminalpolizei in der Nähe des Bahnhofs Friedrichstraße bei verbrecherischen Handlungen ertappt wurde, in der nötigen Weise politisch hochzuspielen. Dieses arbeitsscheue Element, das unter dem Spitznamen „Puppe" in homosexuellen Kreisen in West-Berlin sehr bekannt war und seit dem 13. August im demokratischen Berlin nach Opfern Ausschau hielt, hatte sich seiner Festnahme durch die Volkspolizei zu widersetzen versucht, war in den Humboldthafen gesprungen und dabei ums Leben gekommen.

Bösartig verknüpfte man hier Homosexualität und Kriminalität und unterschlug dabei, dass Litfin, nur weil er das Land wechseln wollte, umgebracht worden war. Allerdings traf die Verleumdung Litfins als Homosexueller auch in West-Berlin auf bestehende Vorurteile. So gerieten Günter Litfin und sein Schicksal auch im Westen in Vergessenheit. Einen vermeintlichen Schwulen als erstes „Maueropfer" wollte man nicht. Erst in heutiger Zeit wird Günter Litfin gebührend geehrt.

Die Grenzen dicht

„Niemand hat die Absicht, eine Mauer zu errichten", erklärte Walter Ulbricht, Staatsoberhaupt der DDR, am 15. Juni 1961. Immer wieder kann man davon als der größten Lüge der Weltgeschichte lesen. Allerdings wusste man im Westen bis dahin längst Bescheid: Die DDR plante, ganz West-Berlin abzuriegeln, und das ging nur mit einer Mauer. Denn auf Dauer konnte die sozialistische DDR nicht bestehen, wenn sie auf ihrem eigenen Staatsgebiet eine offene Grenze hatte. Zwar konnte man schon damals nicht mehr ohne Weiteres von Ost- nach West-Berlin fahren, brauchte Genehmigungen, musste sich ausweisen, doch es gab weiterhin ein gemeinsames S-Bahn-System. Wer aus der DDR fliehen wollte, konnte etwa in Ost-Berlin die S-Bahn nehmen und erklären, er wolle nach Potsdam fahren. Auf dem Weg durch West-Berlin brauchte er dann nur auszusteigen. Er konnte aber auch irgendwo über die Grenze nach West-Berlin schlüpfen. So taten das jedes Jahr Hunderttausende DDR-Bürger, die ja nicht als Ausländer kamen, sondern als Deutsche nach Deutschland. Viele machten diesen Schritt aus politischer Unzufriedenheit. Im Vergleich zum Westen bot die DDR zwar eine gute soziale Absicherung, aber keine rechtsstaatliche Sicherheit und keine demokratische Willensbildung. Hinzu kamen der Machtanspruch der sozialistischen Staatsführung und eine ständig zunehmende Bespitzelung durch die

West-Berliner winken in der Bernauer Straße über die noch provisorische Mauer nach Ost-Berlin.

Stasi → Abkürzung für „Staatssicherheit". Als Geheimdienst der DDR entwickelte sich die Stasi zu einer Einrichtung der vollständigen Überwachung der Bevölkerung. Die DDR hatte bei einer Bevölkerung von knapp 17 Millionen am Ende fast 100.000 hauptamtliche Stasimitarbeiter.

Stasi. Daher verloren immer mehr Menschen den Glauben an eine bessere, sozialistische Zukunft, wozu gerade auch die staatlich gelenkte Planwirtschaft mit ihren vielen Macken und Fehlern beitrug. So erlagen die meisten auch schlicht den Verlockungen des westdeutschen „Wirtschaftswunders". Den Betrieben im Westen waren ostdeutsche Arbeitskräfte höchst willkommen – so wie sie anschließend „Gastarbeiter" aus Südeuropa anwarben. Daher verließen viele Menschen das Land, unter ihnen auch ein großer Teil Handwerker und Akademiker. Wollte die DDR mit dem neuen sozialistischen Gesellschaftssystem ein halbwegs stabiler Staat sein, war sie gezwungen, ihre Bürger an der Ausreise zu hindern. Dabei sollte die Mauer das Land nur vorübergehend „schützen": Wenn der Sozialismus sich erst richtig entwickelt hätte, wäre er dem Kapitalismus überlegen. Dann würden die Menschen gern in die DDR kommen.
West-Berlin war tatsächlich nicht nur der „Pfahl im Fleisch" der DDR geworden, sondern auch des ganzen sozialistischen Systems unter der Führung der Sowjetunion. Weil durch die Lage West-Berlins die DDR in ihrem Bestehen gefährdet war, wirkte sich dies auch auf den „großen Bruder" aus. Die meis-

ten Verhandlungen um eine friedliche Zukunft scheiterten an der Berlin-Frage, die für die USA zu einem Prinzip ihrer Politik geworden war. In den sogenannten *three essentials* vom Juli 1961 garantierte der amerikanische Präsident John F. Kennedy (1917–1963) ausdrücklich die Freiheit der Stadt. Er wies damit einen neuen Vorstoß der Sowjetunion zur Bildung eines eigenen Staates West-Berlin zurück: Jeden Verstoß dagegen würde die USA als Kriegsgrund auffassen. So kam, was kommen musste: Am 13. August 1961 riegelten Tausende Soldaten und Polizisten der DDR die Grenzen zu West-Berlin ab.

Es kam zu herzergreifenden Szenen, als noch viele Menschen versuchten, im letzten Augenblick nach West-Berlin zu gelangen. Berühmt wurde die Bernauer Straße, wo der Bürgersteig im Westen, die Häuser aber im Osten lagen. Weil die Hauseingänge und Fenster deswegen von unten nach oben zugemauert wurden, sprangen zum Schluss noch Menschen aus den oberen Stockwerken in Sprungtücher der West-Berliner Feuerwehr.

Ehe die eigentliche Mauer gebaut war, dauerte es Wochen. Daher gab es noch viele Schlupflöcher. Trotzdem bestand fortan für jeden „Republikflüchtling“ Lebensgefahr. Fälle wie das Schicksal von Günter Litfin nahm die DDR-Regierung bewusst in Kauf, um ihre Bürger von der Flucht abzuhalten.

Obwohl die Empörung unter den West-Berlinern riesig war, verhielt sich die westdeutsche Regierung mit Unterstützung der USA doch auffallend still. Man wusste eben längst, dass es zum Bau der Mauer kommen würde, und nahm das Ereignis hin. Der westdeutsche Kanzler Konrad Adenauer rief zur Besonnenheit auf. Als Zeichen der Unterstützung besuchte er West-Berlin erst zwei Wochen nach dem 13. August 1961. Tatsächlich half die Mauer der DDR, sich wirtschaftlich besser zu entwickeln, schlicht weil ihr nun die Arbeitskräfte blieben. Doch wirkte der „antifaschistische Schutzwall" fortan wie ein Kainsmal. Zwar gab es in Berlin keinen „Todesstreifen" wie an der deutsch-deutschen Grenze mit Minen und Selbstschussanlagen, aber die Mauer war ein derart unglaubliches Bauwerk, dass sie allein durch ihre Existenz die Glaubwürdigkeit dieses sozialistischen Staates erschütterte. Sehr wohl hatte die Mauer auch die Funktion, die DDR gegen den Einfluss des Westens zu schützen, gegen Devisenschmuggel, Spionage und Sabotageakte. Immerhin herrschte der Kalte Krieg und Westdeutschland lag alles daran, die „Zone" zu ruinieren. Aber die wichtigste Funktion der Mauer war schon an ihrer Bauweise zu erkennen: die Flucht der eigenen Bürger zu verhindern. Denn wie bei einem Gefängnis lag das schwierigste Hindernis am Ende der Sperranlage, nämlich die Mauer selbst. Und diese Anlage wurde immer undurchdringbarer ausgebaut. Zwischen den Stadtteilen von West- und Ost-Berlin kam auf der Seite der DDR zuerst eine erste Mauer oder ein Zaun, dann ein tiefer, menschenleerer Streifen mit Signalanlagen, Sperrgräben, auch Hundelaufanlagen, ehe am Ende die eigentliche Mauer mit einer Höhe von knapp vier Metern stand. Bis zum Ende ihres Bestehens musste jeder „Grenzverletzer" damit rechnen, erschossen zu werden.

DR
2

11 Die eine und die andere Seite

Der Zug hält mit fürchterlich quietschenden Bremsen. Es riecht sofort anders, findet der Reisende, unangenehm anders. Schon hört er, wie die Kontrolleure durch die Abteile gehen. Sein Puls steigt. Er wird es denen jetzt mal zeigen, endlich mal! Schließlich darf sich die Freiheit nicht vor dem Unrecht ducken! Immerhin ist er nach wie vor in Deutschland! Forsch wird die Abteiltür aufgezogen.

„Guten Tag! Sie reisen allein?“, hört er den Kontrolleur sagen. Er sieht ihn sich genau an: ein durchschnittlicher Mensch wie er auch, mit Bauchansatz und ersten grauen Haaren. Wie kann der von diesem schrecklichen System so überzeugt sein!

„Ich bin allein im Abteil“, antwortet der Reisende mit trockenem Mund.

„Sie reisen also allein“, stellt der Kontrolleur fest.

Ich muss hier bestimmt keinen Flüchtling verstecken, will der Reisende sagen. Er ärgert sich, dass er es nicht sagt.

„Ihren Reisepass, bitte!“, sagt der Kontrolleur, während ein zweiter hinter ihm bleibt und sich umsieht, als müsste er sich absichern.

Eigentlich muss ich den Pass nicht zeigen, denkt der Reisende. Ich fahre nicht in ein anderes Land. Er zögert und rührt sich nicht.

„Sie sind gerade mit dem Zug über die Grenze gefahren“, erklärt der Kontrolleur.

„Ich bleibe in Deutschland", stößt der Reisende endlich hervor. Sein Herz klopft ihm bis zum Hals. Das ärgert ihn. Er ist es doch gewohnt, frei seine Meinung zu sagen.
„Sie kommen aus der BRD?", fragt der Kontrolleur.
„Ich komme aus Deutschland", presst der Reisende zwischen den Zähnen hervor.
„Sie haben gerade die Grenze zur DDR passiert", sagt der Kontrolleur.
Dieses Land wird nicht anerkannt, denkt der Reisende und schweigt. Sein Mund ist nun wie ausgetrocknet.
„Sie sind gerade über die Grenze gefahren. Sie kommen aus der BRD?", fragt der Kontrolleur schon wieder.
„Ich bin Bürger von Deutschland, der Bundesrepublik Deutschland. Hier mein Pass!", sagt der Reisende nun mit ganz hoher Stimme.
Mit Widerwillen, als müsste er einem Dieb beim Einbruch zusehen, beobachtet er, wie sich der Kontrolleur aufmerksam seinen Pass ansieht und ihn kurz dem anderen Kontrolleur hinhält.
„Sie haben einen Reisepass der BRD", sagt der Kontrolleur dann. „Daraus geht hervor, dass Sie nicht das erste Mal das Hoheitsgebiet der DDR betreten."
„Ich fahre nach Berlin", erwidert der Reisende nur, dem schon die Wortwahl des Kontrolleurs das Blut kochen lässt.
„Sie fahren nach Westberlin?", hört er wie von Ferne.
„Ich sagte bereits, ich fahre nach Berlin", antwortet der Reisende und denkt an den Yoga-Kurs, den er jüngst belegt hat. Er versucht, eines seiner Energiezentren zu finden.

„In die Hauptstadt der DDR?“, hört er.
Da verliert der Reisende doch seinen Halt und seine Stimme überschlägt sich: „Ich fahre in keine Hauptstadt irgendeiner DDR.“
Der Kontrolleur räuspert sich, sieht kurz den anderen Kontrolleur hinter sich an und antwortet dann ruhig wie ein Apparat: „Berlin ist die Hauptstadt der DDR. Möchten Sie nach Berlin, in die Hauptstadt der DDR? Dann brauchen Sie ein Tagesvisum. Das kann ich Ihnen nicht ausstellen.“
Dem Reisenden geht es durch den Kopf: Bonn ist die Hauptstadt der Bundesrepublik Deutschland, die vorläufige Hauptstadt. Berlin ist jetzt keine Hauptstadt. Ihr habt uns Berlin als Hauptstadt für Deutschland genommen! Er bringt diese Gedanken nicht zusammen und schweigt.
„Sie sagten, Sie fahren nach Berlin“, sagt wieder der Kontrolleur.
„Also, wenn Sie es genau wissen wollen“, sagt der Reisende nun, und seine Stimme bleibt überraschend ruhig: „Ich fahre nach Berlin (West).“
„Also, Sie fahren nach Westberlin“, hört er den Kontrolleur sprechen.
„Nein, wenn, dann fahre ich nach Berlin (West)“, wehrt sich der Reisende, der nun sein Energiezentrum in der Stirn findet.
„Sie fahren nach Westberlin, in die selbstständige politische Einheit Westberlin“, hört er wieder.
Er merkt, wie er nun ruhiger wird und die Überlegenheit einer freiheitlichen Ordnung in sich spürt: „Ich sagte bereits: Ich fahre nach Berlin (West). Mir scheint, wir sprechen nicht dieselbe Sprache.“

„Sie haben recht“, entgegnet nun plötzlich der Kontrolleur und lächelt sogar: „Sie aus der BRD sprechen eine andere Sprache. Ich weiß aber, was Sie meinen.“
Der Reisende starrt den Kontrolleur zuerst verwundert an, ehe er laut sagt: „Nein, wir sprechen dieselbe Sprache.“
Der Kontrolleur macht auf seinem Bauchladen einen Stempel in den Pass und sagt dabei: „Wir sind völlig verschieden.“
„Wir sind eins!“, sagt der Reisende empört und starrt verwundert auf den anderen Kontrolleur im Hintergrund, der nur den Kopf schüttelt.
„Nein, wir sprechen verschiedene Sprachen. Hier Ihr Reisepass! Gute Fahrt!“, sagt der Kontrolleur und sieht ihn plötzlich ziemlich ernst an.
Der Reisende nimmt verwirrt seinen Pass zurück und sagt: „Guten Tag.“
Als der Zug sich wieder in Bewegung setzt, starrt er noch lange auf das eintönige Land, das an ihm vorbeizieht wie eine andere Welt.

Das Leben in der geteilten Stadt

Die Situation von Berlin war etwas so Besonderes, dass sich das auch in der Sprache niederschlug. Mit der Bezeichnung für den Ost- oder Westteil der Stadt versuchte jede Seite ihre eigenen Interessen festzulegen. In der DDR gab es offiziell den Ausdruck „Selbstständige politische Einheit Westberlin“, sonst kurz „Westberlin“. Damit sollte betont werden, dass West-Berlin kein Teil der BRD sei und auch mit Ost-Berlin nichts zu tun habe.
In der BRD gab es offiziell den Ausdruck „Berlin (West)“. Damit sollte betont werden, dass Berlin nach wie vor als einheitliche Stadt angesehen wurde. In der westdeutschen Verfassung, dem Grundgesetz, war festgelegt, dass in einem wiedervereinigten Deutschland Berlin auch wieder Hauptstadt sein würde. Das wurde dann mit der Wiedervereinigung tatsächlich durchgesetzt. „Berlin (West)“ ließ sich allerdings nicht sprechen, weswegen man offiziell durchaus West-Berlin sagte, jedoch mit der Betonung auf „West“. In der DDR lag dagegen die Betonung von „Westberlin“ immer auf der letzten Silbe.
Noch heute ist der Streit um Bezeichnungen wie diese nicht überwunden. Noch immer ist es verpönt, wie man früher von der „DDR“ sprach, auch „BRD“ zu sprechen. Sogar die Schreibweise „BRD“ gilt weiterhin als anrüchig, weil sie an die DDR erinnert, wo man diesen Ausdruck offiziell, aber auch ganz allgemein verwendete. Tatsächlich wurde der Ausdruck „BRD“ in

den 1970er-Jahren sogar in geschriebener Form in der BRD untersagt. Er durfte in amtlichen Dokumenten nicht mehr verwendet werden und galt etwa an der Schule als Schreibfehler. Durch die Bezeichnung „Bundesrepublik Deutschland“ sollte der Anspruch auf ein einheitliches Deutschland aufrechterhalten werden. Denn es galt die sogenannte **Hallstein-Doktrin.**

Hallstein-Doktrin → Diese Politik bedeutete, dass die BRD die Beziehungen zu einem Staat abbrechen würde, der mit der DDR politisch oder wirtschaftlich handeln wollte. Der westdeutsche Staat nahm für sich heraus, den „Alleinvertretungsanspruch“ für die deutsche Politik zu besitzen. Dies änderte sich erst ab 1969 mit der Entspannungspolitik unter der Regierung der SPD und dem Bundeskanzler Willy Brandt (1913–1992).

Doch hat sich der verordnete Sprachgebrauch bis heute bei den Westdeutschen gehalten. In der BRD wird oft weiterhin erwartet, dass „Bundesrepublik Deutschland“ gesprochen, am besten auch geschrieben wird. Auch wenn die Sprache normalerweise Verkürzungen anstrebt, wie das zum Beispiel bei USA für die Vereinigten Staaten von Amerika normal ist, bleibt das gesprochene „BRD“ problematisch.

Zu den Zeiten von BRD und DDR hatte sich in Wirklichkeit bei vielen Westdeutschen die Auffassung durchgesetzt, man lebe in „Deutschland“ im Sinne eines gesamten Deutschlands. Sonst gäbe es die DDR. Jemand aus Freiburg etwa, für den schon

eine Stadt wie Hannover weit entfernt liegt, musste erst darauf gestoßen werden, was komisch daran war zu sagen: „Ich fahre von Deutschland nach Berlin." Besonders die West-Berliner erkannten daran immer wieder ihre besondere Situation. Viele Ostdeutsche sahen das sogar mit Sorge, weil sie sich so zusätzlich ausgeschlossen fühlten.
Die Situation in der geteilten Stadt war etwas so Außerordentliches, dass vor allem West-Berlin allein wegen der Mauer Scharen von Touristen anzog. In Ost-Berlin war die Mauer eigentlich kaum zu sehen und sie wurde natürlich auch nicht vorgezeigt. Man konnte als DDR-Bürger eigentlich gar nicht in ihre Nähe kommen. Trotzdem verlief das Leben in beiden Stadtteilen erstaunlich normal.

Die gewohnte Mauer

Dazu trug vor allem die Entspannungspolitik bei. 1971 kam es zum Viermächtevertrag über Berlin, mit dem die vier Besatzungsmächte die besondere Lage West-Berlins und seiner Beziehung zur BRD rechtlich absicherten. Ein Jahr später wurde der Grundlagenvertrag ausgehandelt, mit dem sich die beiden deutschen Staaten darauf festlegten, „normale" Beziehungen untereinander herzustellen. Der Vertrag trat 1973 in Kraft. Autos, Briefe, Waren und insbesondere die Menschen konnten nun wesentlich leichter die Grenzen überwinden, auch wenn dies vor allem für eine Richtung galt. West-Berliner konnten fortan recht problemlos in die gesamte DDR reisen. In Berlin ging die politische Spannung entscheidend zurück.

Kam man nicht in die Nähe der Mauer, erinnerte nichts an die besondere Situation der Stadt. Nur einige Auffälligkeiten blieben. Da gab es etwa zwei U-Bahn-Linien, die von West-Berliner Seite betrieben wurden und doch unter dem Ostteil hindurchführten. Die U-Bahn-Linien waren nicht unterbrochen, aber der Zugang zu diesen U-Bahnhöfen in Ost-Berlin geschlossen worden. Das bedeutete für die West-Berliner, dass sie im Wedding in die U-Bahn steigen und in Kreuzberg wieder aussteigen konnten, obwohl die Strecke durch Ost-Berliner Gebiet führte. Die entsprechenden Bahnhöfe waren die berühmten Geisterbahnhöfe, die Soldaten bei gedämmtem Licht bewachten. Wenn eine U-Bahn mit gebremster Geschwindigkeit einen solchen Geisterbahnhof durchfuhr, stand auf der Straße darüber vielleicht ein Ost-Berliner und hörte leise diesen für ihn unerreichbaren Zug fahren.

Eine Grenzstreife der Nationalen Volksarmee patrouilliert im grenznahen Geisterbahnhof Potsdamer Platz.

Das Leben hüben und drüben

Während in der DDR viele noch immer von der Wiedervereinigung träumten, hatte man sich in West-Berlin eigentlich mit der Lage abgefunden. Allerdings konnte die Inselstadt nur durch großzügige Hilfen aus Westdeutschland überleben. Jedes Jahr erhielt der Haushalt von West-Berlin mehrere Milliarden D-Mark Unterstützung, zum Schluss umgerechnet über zehn Milliarden Euro. Diese „Berlin-Hilfe“ machte 50 Prozent des West-Berliner Haushalts aus. Es gab kaum noch Fabriken, die selbst produzierten. Sie waren nur noch eine Art verlängerte Werkbank für Betriebe, die ihr Werk in Westdeutschland hatten. Die Konkurrenz war gering, was sich ausgerechnet auf dem Zeitungsmarkt drastisch auswirkte: Bis auf wenige Ausnahmen gehörten in West-Berlin alle Zeitungen dem Axel-Springer-Verlag, der dadurch in besonderer Weise die Meinung lenken konnte. Es gab auch einen riesigen Stab an Politikern, Beamten und städtischen Mitarbeitern, die ihre Privilegien verteidigten und untereinander klüngelten. So entstand in West-Berlin ein sprichwörtlicher politischer „Filz“.
Andererseits entwickelte sich in den 1960er-Jahren besonders in West-Berlin eine Bewegung, die von kritischen Studenten getragen wurde. Die „68er“ wollten eine Art Sozialismus einführen, nur anders als in der DDR, entweder demokratischer oder diktatorischer. Sie wandten sich entschieden gegen den Kapitalismus – und das ausgerechnet im „freien“ Teil Berlins. Zusätzlich entwickelte sich in West-Berlin eine besondere Kultur junger Leute. Wer in West-Berlin als Einwohner gemeldet

war, musste nicht als Soldat dienen. Deswegen gab es in der Stadt viele „Bundeswehrflüchtlinge“. Außerdem musste man in den veralteten West-Berliner Wohnungen, von denen es mehr als genug gab, nicht viel Miete bezahlen. Auch das zog viele sogenannte Aussteiger an, die eine andere Lebensform für sich entwickeln wollten. So herrschte in West-Berlin eine neue angespannte politische Lage, die aus den Widersprüchen des eigenen Systems entstanden war. Auf der einen Seite standen die eingesessenen Berliner, die von der Luftbrücke und dem Mauerbau geprägt waren, und auf der anderen Seite die vielen „Alternativen“.

Wie West-Berlin für die andere Seite ein „Schaufenster des Westens“ war, war Ost-Berlin eins für den Osten. In der Planwirtschaft der DDR erhielten die Ost-Berliner besondere Zuwendungen. Genau wie West-Berlin erhielt auch der Ostteil die Hälfte seiner Haushaltsausgaben vom Staat. Das führte aber in Ost-Berlin zu einem Gefühl von Überheblichkeit gegenüber anderen Gegenden der DDR, die wirtschaftlich zurückblieben. In Ost-Berlin, der „Hauptstadt der DDR“, saß schließlich die Regierung mit allen ihren Mitarbeitern, Ämtern und Einrichtungen. Daher gab es in der Stadt viele überzeugte Anhänger der DDR. Andererseits war Ost-Berlin wirklich so etwas wie eine Großstadt und bot daher viele Möglichkeiten, im Leben eine „Nische“ zu finden, wo man der staatlichen Überwachung nicht so sehr ausgesetzt war. Daher entwickelte sich auch in dieser Stadthälfte so etwas wie eine alternative Kultur. Im Vergleich zur restlichen DDR war das Leben in Ost-Berlin schlicht besser: Es gab alles reichlicher. Das lag schon an den vielen familiären Verbindungen zu West-Berlin, die ja weiterhin bestanden. Aber auch die staatlich gelenkten Läden waren besser bestückt. Außerdem konnten westliche Radio- und Fernsehsender in Ost-Berlin immer problemlos empfangen werden, was etwa im Gebiet von Dresden gar nicht möglich war, das scherzhaft „Tal der Ahnungslosen“ hieß. Auch in der DDR war (Ost-)Berlin daher etwas Besonderes. Für die Ostdeutschen galten die Berliner als eine Klasse für sich.

Allgemein hatte man sich in beiden Teilen Berlins mit der besonderen Situation der Stadt abgefunden. Als 1987 Erich Honecker (1912–1994) als erster DDR-Regierungschef der BRD einen offiziellen Besuch abstattete, war dies eigentlich ein Ausdruck dafür, dass man sich auch im westlichen Teil Deutschlands mit der Existenz zweier deutscher Staaten abgefunden hatte. Kein Mensch dachte noch an Wiedervereinigung. Niemand hätte erwartet, dass die Geschichte schnell einen ganz anderen Weg einschlagen würde.

MOM-
IS THIS WALL HERE ?
LOVE YOU
Beton

12 Mauerfall

Bei allem, was man mit ganzem Herzen tut, sucht man nicht nach Helfern – Yutaka dachte einmal wieder an dieses Sprichwort seiner japanischen Heimat. Er war allein nach Europa gereist. Vier Wochen lang nahm er schon an einem Sprachkurs in Italien teil, ehe er Kerstin kennenlernte. Sie war zwar nur für eine Woche in Florenz, aber das reichte, damit sie seine Liebe erhörte.

Nun reiste Yutaka wieder allein, ohne Helfer und in ein Land, dessen Sprache er nicht verstand. Er war auf dem Weg zu ihr. Sie hatte gesagt, er könnte sie ruhig in Berlin besuchen. Er dachte: Wenn die Liebe den Willen unterstützt, was macht es für Mühe, Berge abzutragen?

Er fuhr die lange Strecke mit der Eisenbahn und war erschöpft. Im letzten Zug, der Ostdeutschland durchquerte, war die Heizung ausgefallen. Eine Frau beschwerte sich deswegen, aber der Schaffner zuckte nur mit den Schultern. Die Deutschen sind wohl ein schweigsames Volk, folgerte Yutaka, sie sprechen wirklich nur mit der Zunge, wobei sie auch kaum den Mund aufmachen. So waren ihm zumindest die deutschen Schaffner begegnet, der westdeutsche wie der ostdeutsche. Nichts sagen ist eine Blume – das beherzigte er freilich selbst.

Yutaka kam am Bahnhof „Zoologischer Garten“ an und wunderte sich: Sollte er in der großen Stadt Berlin auf so einem kleinen Bahnhof aussteigen? Er wartete erst eine Weile, ob der Zug nicht doch weiterführe, und stieg dann aus wie alle anderen auch. Er fand einen Informationsschalter und fragte dort, wie er zur Brunnenstraße komme. Die Frau sagte es ihm kurz und knapp und gab ihm einen Plan des Nahverkehrs mit. Yutaka fuhr nach „Friedrichstraße" und wechselte dort in eine andere S-Bahn, die unterirdisch fuhr. Es kam ihm vor, als wäre die Zeit in den 60er-Jahren stehen geblieben. Der Zug fuhr ohne Halt durch einen menschenleeren Bahnhof, wo kaum Licht brannte. Am nächsten Halt stieg er aus und las „Anhalter Bahnhof". Irgendetwas hatte er falsch gemacht, merkte er, weil er an einer Station namens „Gesundbrunnen" aussteigen sollte, dem ersten Halt nach „Friedrichstraße".

Er beschloss, sich ein wenig umzuschauen, ging die Treppen hoch und gelangte ins Freie. In der kühlen Nacht eilten viele Menschen umher. Sie sprachen laut und waren aufgeregt. Yutaka hatte einen Zettel in der Hand, auf dem Kerstin ihre Adresse notiert hatte. Er hielt ihn ganz fest, weil er ihm fast heilig war. Er wandte sich an einige Leute und versuchte, sie zu fragen, wo sich die Brunnenstraße befinde. Aber sie lachten ihn meistens nur an, klopften ihm auf die Schulter und bedeuteten ihm, mit ihnen zu kommen. Sie gingen alle in dieselbe Richtung. Wenn du in Eile bist, mach einen Umweg, sagte sich Yutaka und ging mit.

Er legte langsam eine Strecke zurück und noch eine Strecke und sah viel Licht vor sich und dann eine Mauer. Viel wusste er ja nicht über dieses Land, aber von der Berliner Mauer hatte er bereits in Japan gehört. Alle Menschen in der Stadt schienen darauf zuzuströmen und plötzlich stand er selbst direkt davor. Er wusste nun, dass er sich verlaufen hatte. Zum Glück

wusste aber Kerstin gar nicht, dass er an diesem Tag auf dem Weg zu ihr war. Sie hatte gesagt, sie besitze kein Telefon. Deswegen war ihm der Zettel mit ihrer Adresse so wichtig.
Er wunderte sich über diese Mauer. Sie lief genau zwischen zwei mächtigen Häusern hindurch, die aus einer längst vergangenen Zeit stammten. Er konnte an sie herangehen und sie anfassen. Immer wieder klopften ihm nun Menschen auf die Schulter. Einige umarmten ihn sogar. Mit den stoffeligen Schaffnern schienen diese Leute nichts mehr gemein zu haben und Yutaka dachte an Japan. Dort gab es so viele Regeln, wie man sich zu begrüßen hatte, je nachdem, ob man jung oder alt, Mann oder Frau, ein Arbeiter oder ein Direktor war. Diesen Zwängen wollte er entkommen. Deswegen war er nach Europa gegangen. Yutaka stand da mit seinem Zettel in der Hand. Er versuchte einige Male, einen dieser lauten Menschen anzusprechen. Endlich sah eine junge Frau auf seinen Zettel und zeigte mit der Hand in die Ferne. Sie deutete über die Mauer hinweg. Yutaka verstand nicht. Sollte er hinübersteigen, überlegte er. Er fragte sie auf Italienisch: „*Salire?*“ Da nickete sie und die anderen um sie herum nickten auch und lachten. Auf einmal setzte sich ein Mann rittlings auf die Schultern eines anderen und alle forderten Yutaka auf, an den beiden hochzusteigen. Sie riefen: „Salile!“, „Salile!“ Ehe er sich versah, stand Yutaka schon auf den Schultern eines Fremden und drückte sich an der großen Betonrolle, die den Abschluss der Mauer bildete, nach oben. Dort saß er dann.
Von oben sah er, wie die Leute auf der einen Seite mit offenem Mund zu ihm hochstarrten und wie auf der menschenleeren

anderen Seite zwei Soldaten herankamen, die ihm etwas zuriefen. Yutaka wusste nun, dass er auf einem völlig falschen Weg war. Er wandte den Kopf hin und her und dachte: Man kann in einem reißenden Strom stehen bleiben, aber nicht in der Welt der Menschen. Er hielt noch immer Kerstins Zettel in der Hand. Während die Soldaten kopfschüttelnd zu ihm hochsahen, jubelten die Leute auf der anderen Seite. Yutaka blieb lange allein dort oben sitzen. Er wusste nicht, ob er sich wehtäte, wenn er hinunterspränge. Während er noch die Risiken eines Sprungs abwog, halfen die Menschen einem anderen jungen Mann auf die Mauer. Wie ein siegreicher Krieger thronte er neben ihm und klopfte ihm auf die Schulter.

Immer mehr Menschen setzten sich zu Yutaka auf die Mauer. Alle brüllten und johlten. Bald war kaum noch Platz frei. Als Yutaka einmal wieder ein Stück weiterrutschen sollte, fiel ihm sein Zettel aus der Hand. Er schwebte wie ein welkes Blatt zu Boden und landete vor den Füßen des einen der beiden Soldaten, die auf die Mauersitzer einredeten. Der hob ihn auf, las ihn aufmerksam und zeigte ihn dem anderen Soldaten. Der las ihn ebenfalls und steckte ihn ein.

Yutaka dachte an Kerstin und an die Hausnummer in der Brunnenstraße. Er war sich nicht sicher, ob es die Nummer 69 oder 96 war. Und er dachte: Wer kein Ungemach ertragen kann, ist nicht zu großen Dingen berufen. Ihn schwindelte. Plötzlich sah er in Gedanken ein Blatt vor sich, das der Fluss wegschwemmt. Er neigte sich zur Seite wie ein gefällter Baum.

Als er die Augen wieder öffnete, hielten ihn die beiden Soldaten fest. Laute Worte wurden gesprochen. Er versteckte sich hin-

ter seinem Lächeln. Die Soldaten nahmen ihn mit. Sie hakten ihn unter. Yutaka hörte, wie ihnen die Leute auf der Mauer nachriefen.
Die Soldaten führten ihn in einen Raum, wo sie versuchten, mit ihm zu sprechen. Es gelang nicht. Sie konnten weder Japanisch noch Italienisch. Yutaka wiederholte einige Male das Wort „Brunnenstraße", während einer der Soldaten vor einer Schreibmaschine saß und anscheinend überlegte, was er schreiben sollte. Plötzlich rief der andere laut „Brunnenstraße!". Die beiden sahen sich an. Sie sprachen miteinander und baten dann Yutaka, mit ihnen zu kommen. Sie führten ihn weg von der Anlage an der Mauer und ihrem hellen Scheinwerferlicht durch eine versteckte Tür in eine Seitenstraße. Dort zeigten sie in die Richtung des Großen Wagens und wiederholten „Brunnenstraße". Zum Abschied gab der eine Soldat Yutaka seinen Zettel wieder. Erleichtert sah er ihn an und las: Brunnenstraße 79.
Yutaka ging los. Er ging lange. Es war spät in der Nacht. Ihm war kalt. Er irrte durch die Stadt wie ein verlassener Welpe. Er dachte: Ob in alter Zeit die Menschen, die da lebten, ebenso wie er vor Sehnsucht nach der Liebsten Mühe hatten zu schlafen? Auf den Straßen war viel Verkehr, obwohl es schon spät in der Nacht war.
Erst in der Morgendämmerung fand Yutaka zur Brunnenstraße. In der Nacht hatte er jede Orientierung verloren. An vielen Plätzen schrien und tobten die Menschen und keinen konnte er mehr nach dem Weg fragen. Die meisten schienen völlig entrückt und sagten nur: „Wahnsinn!" Andere hatten aschfahle Gesichter und sagten gar nichts und eilten voran. Yu-

taka dachte: Nach dem Regen wird die Erde hart. Er ging stundenlang die Brunnenstraße auf und ab, fand aber die Hausnummer 79 nicht.
Zum Glück hörte er einen Mann und eine Frau italienisch sprechen. Er sagte sich: Über Dinge, die dich selbst angehen, musst du andere fragen. Die beiden sahen ihn mit großen Augen an. Sie sagten ihm, dass die Mauer gefallen sei, dass es hier gerade eine Revolution gebe. Yutaka versuchte zu verstehen. Er hatte sich mit der deutschen Geschichte nie beschäftigt. Aber nun hatte er verstanden. Trotzdem war er auf der Suche nach Kerstin. Er fragte die beiden nach der Brunnenstraße 79. Die Frau lachte auf, aber der Mann runzelte die Stirn. Dann nahm er einen Stadtplan heraus und las darin. Nach einer Weile sagte er, die Brunnenstraße gehe auf der anderen Seite der Grenze weiter. Yutaka verstand nicht und der Mann erklärte ihm, er müsse zuerst zum Grenzübergang Chausseestraße und von dort wieder zur Brunnenstraße.
Es war kein Problem, die Grenze zu überqueren. Die Soldaten dort ließen alle passieren. Einer schaute ihn aber trotzdem noch durchdringend an und schüttelte den Kopf.
Auf der anderen Seite herrschte eine eigenartige Stimmung. Überall standen oder saßen Gruppen von Menschen, manche schliefen sogar auf dem kalten Boden, viele torkelten. Der Boden war übersät mit leeren Flaschen. Von überall her dröhnte Musik aus Fenstern und Kofferradios. Dazwischen fuhren Autos in endlosen Schlangen, die blinkten und hupten. Yutaka dachte: Im Augenblick des Zusammenkommens beginnt die Trennung.

Er sprach drei Frauen an und fragte nach der Brunnenstraße. Eine wollte ihn küssen. Eine andere hatte so viel Alkohol getrunken, dass sie sich kaum noch auf den Beinen halten konnte. So etwas kannte er nicht einmal aus Italien und in Japan wäre es schier unvorstellbar gewesen. Erst eine vierte Frau wiederholte „Brunnenstraße" und wies ihm den Weg.

In dem Haus mit der Nummer 79, das er zur Mittagszeit fand, wohnte Kerstin nicht – auch nicht in dem mit der Nummer 97. Er sagte sich: Das Glück kommt gern in ein Haus, wo Freude herrscht. Aber er traf nun viele Menschen, die nicht freundlich zu ihm waren, wenn er an der Wohnungstür klingelte. Oft wurde ihm mit einem missmutigen Brummen die Tür vor der Nase zugeschlagen.

Yutaka schärfte sein Bild von den Deutschen erneut. Sie waren doch ein wenig wie die Japaner – abweisend –, außer sie hatten Alkohol getrunken.

Noch zwei Tage lang suchte Yutaka nach Kerstin. Er schlief bei wildfremden Leuten, die sich seiner erbarmten und sogar etwas Italienisch sprachen. Er versuchte, ihnen zu erklären, dass er als erster Mensch auf der Mauer gesessen hatte, aber sie lachten nur. In keinem Haus der Brunnenstraße fand er eine Spur von Kerstin.

Er fuhr dann nach Florenz zurück und hoffte, Kerstin würde sich dort noch einmal melden. Yutaka kannte sich nicht mehr aus. Aber eines hatte er begriffen: Wahrlich beständig ist allein der Wandel.

Die Wiedervereinigung

Das Jahr 1989 stand im Zeichen einer „Revolution", einer „friedlichen Revolution" in der DDR. Wieder stellt sich die Frage, ob dieser Begriff gerechtfertigt ist: Brachte die „Revolution" von 1989 eine neue, eine bessere Gesellschaft? Wieder fällt die Antwort auf diese Frage ganz unterschiedlich aus, je nachdem, wie man auf die Gesellschaft, die Politik und die Geschichte schaut. Wer es sich leicht machen will, wird sagen, dass die Bürger der DDR endlich Freiheit und die Wiedervereinigung mit Westdeutschland wollten. Deswegen gingen sie so lange demonstrierend auf die Straße, bis sie den Staat dazu gezwungen hatten, die Grenzen zum Westen zu öffnen und freie Wahlen abzuhalten. Sie wählten dann ihre Regierung ab und stimmten für die Wiedervereinigung.

Doch auf dem Welttheater der Politik sieht man nicht, was sich hinter der Bühne abspielt. Dort verhandelten zu der Zeit, als die DDR-Bürger demonstrierten, längst die Vertreter der einflussreichsten Staaten darüber, wie die Zukunft der beiden deutschen Staaten aussehen sollte: An der Spitze trieb der westdeutsche Bundeskanzler Helmut Kohl (* 1930) die Wiedervereinigung voran. Die wichtigste Unterstützung erhielt er vom Präsidenten der Vereinigten Staaten von Amerika George Bush (* 1924). Kohl hatte erkannt, dass die Sowjetunion unter Michael Gorbatschow (* 1931) ab dem Jahr 1988 bereit war, die DDR aufzugeben und damit die deutsche Wiedervereinigung zuzulassen.

Die Sowjetunion steckte zu dieser Zeit in einer großen wirtschaftlichen Krise, die der von Bushs Vorgänger Ronald Reagan (1911–2004) verschärfte Rüstungswettlauf noch verstärkt hatte. Alles schien festgefahren, nichts ging mehr voran. Dagegen hatte Gorbatschow *Glasnost* und *Perestroika* gesetzt, was „Offenheit“ und „Umbau“ heißt. Dieses politische Umschwenken bedeutete insgeheim die Aufgabe des „sozialistischen“ Gesellschaftssystems. Doch damit traten erst recht die Probleme des Landes zutage: Unwirtschaftliche Betriebe gingen bankrott, das Geld verlor seinen Wert, Schulden wurden gemacht, die Verwaltung wurde bestochen. Die Bürger hatten in all das wenig Einblick. Sie konnten immer weniger kaufen und waren frustriert. Außerdem führte die neue Politik dazu, dass viele osteuropäische Länder und bald auch Teilstaaten der Sowjetunion sich nicht mehr an die Weisungen Moskaus gebunden fühlten. In dieser Lage bot die BRD viel Geld dafür an, dass Gorbatschow die DDR als eigenständigen Staat nicht weiter unterstützte. Auch George Bush förderte diese Politik, gegen die sich zunächst noch Frankreich und bis zum Schluss Großbritannien wehrten: Die Furcht vor dem Einfluss eines wiedervereinigten Deutschlands war zu groß.

Die Menschen auf der Straße

Von all diesen Vorgängen hinter den Kulissen erfuhren die Menschen auf der Straße wenig. Sie hatten ihre eigenen Wünsche und Sehnsüchte und sie erträumten sich in der Mehrzahl *kein* wiedervereinigtes Deutschland, in der BRD gewiss nicht und auch in der DDR längst nicht alle. Seit man 1949 getrennte Wege gegangen war, hatten diese immer weiter auseinandergeführt. Als es aber doch wieder eine Verbindung zu geben schien, wollten in der DDR die meisten nur die Freiheit, zu reisen und zu kaufen, was nicht so leicht zu haben war: bessere Autos, besseren Kaffee, Schreibmaschinenpapier und Schokolade.

Als jedoch in der DDR der Rückhalt aus Moskau und der eigenen Bevölkerung verloren ging, zeigte sich die Erstarrtheit des politischen Systems. Es brach tatsächlich zusammen wie ein Kartenhaus. Die Regierung war wie gelähmt und unfähig, wirklich neue Wege einzuschlagen. Stattdessen zeigten alle staatlichen Angestellten ihren sprichwörtlichen deutschen Ordnungssinn und übergaben ihren Staat sozusagen kampflos an den bis dahin viel beschworenen „Klassenfeind". Daher kam es glücklicherweise zu keinem Versuch, die Demonstrationen der Bevölkerung gewaltsam niederzuschlagen, wie dies noch 1953 geschehen war.

Die Verwirrung über die sich überschlagenden Ereignisse war so groß, dass sogar der Befehl zur Öffnung der Mauer auf einem Missverständnis beruhte. Ein unwissendes Mitglied der SED behauptete auf einer Pressekonferenz am 9. November 1989, alle DDR-Bürger könnten sofort frei in den Westen reisen. Doch sollte diese Regelung, um ein Chaos zu vermeiden, erst am nächsten Tag gelten. Die Pressekonferenz lief allerdings *live* im DDR-Fernsehen und nicht einmal eine halbe Stunde später berichteten westliche Nachrichtensender von der Öffnung der Grenze. Noch am selben Abend machten sich Hundert-

Grenzöffnung am Grenzübergang Invalidenstraße

tausende auf den Weg dorthin. Zum Glück handelten die überforderten und noch unwissenden Grenztruppen der DDR in dieser Lage nicht nach Befehl, sondern nach Gewissen: Sie ließen die Bürger ungehindert die Grenze überschreiten.
In West-Berlin entstanden chaotische Verhältnisse: Wildfremde Menschen fielen sich in die Arme und schluchzten und johlten und der Alkohol floss in Strömen. Schon bald war das erste Klopfen der sogenannten Mauerspechte zu hören: Viele Menschen versuchten aus eigener Kraft, die Mauer zu beseitigen, und schlugen Stücke aus ihr heraus – bald wurden diese Mauerstücke an Touristen verkauft. Das Verkehrssystem brach zusammen. Der Ku'damm oder die Straße des 17. Juni waren mit Trabis verstopft. Die Rettungsdienste arbeiteten bis zur Erschöpfung. Das Arbeitsleben kam völlig aus dem Takt. Im Osten und Westen der Stadt waren die Menschen voller Hoffnung,

wenige besorgt. Auch dachte natürlich niemand daran, dass ausgerechnet der 9. November ein besonderer Tag in der deutschen Geschichte war: An diesem Tag wurde 1918 in Berlin gleich zweimal die Republik ausgerufen und an diesem Tag hatten die Nazis 1938 in der Reichspogromnacht zu einer mörderischen Hetzjagd auf die jüdische Bevölkerung aufgerufen.

Noch ein Jahr DDR

In den nächsten Wochen und Monaten galoppierte die Geschichte. Während im Volk zunächst gar nicht der Wunsch nach einer Wiedervereinigung bestand, machten die Politiker unter dem Vorsitz von Helmut Kohl den Weg dafür frei. In der DDR wünschten sich viele Bürger vor allem Reisefreiheit und ein Ende der Gängelung durch den Staat, zugleich aber weiterhin die Vorteile dieses Staates mit der billigen Grundversorgung, der gesicherten Zukunftsplanung und der sozialen Absicherung für jedermann.
Denn die DDR hatte sogar im Vergleich zu ihrem westdeutschen Nachbarn, damals wie heute immerhin einem der reichsten Länder der Welt, einige Vorteile: Die Miete war sehr gering, Brot und die Fahrt mit der Straßenbahn kosteten Pfennigbeträge und in jeder noch so kleinen Stadt gab es ein eigenes Theater. Es gab keine Arbeitslosen und auch keine Obdachlosen. Diese Probleme haben zur westlichen, kapitalistischen Gesellschaft immer dazugehört – dazu der ungeheure Überfluss an Waren, dass es noch von der Zahnpasta Dutzende verschiedene Marken zu kaufen gibt. In der DDR stellte man sich wie instinktiv

in eine Warteschlange, wenn sich irgendwo eine bildete, weil dort mit Sicherheit ein sonst nicht zu habendes Produkt zu kaufen war. In den modernen westlichen Konsumgesellschaften gibt es hingegen *alles* zu kaufen. Von dieser Tatsache waren die meisten Ostdeutschen, als sie nach dem Mauerfall in den Westen durften, völlig geblendet. Das war allerdings auch gewünscht. In West-Berlin sorgte der Staat in Verbindung mit den Banken nach der Grenzöffnung dafür, dass die DDR-Bürger sofort Geld zum Einkaufen bekamen. Jeder von ihnen erhielt nun in allen West-Berliner Banken allein gegen Vorlage des Passes 100 D-Mark „Begrüßungsgeld", sogar in der Nacht. Sie alle mussten so erst recht an den Überfluss und auch die Großzügigkeit des Westens glauben. Bald ertönte der Ruf nach der Einführung der D-Mark und schließlich der Ruf nach der Wiedervereinigung.

Entsprechend fielen auch die ersten freien Wahlen aus: Nicht die SPD gewann, die eigentlich die Partei der einfachen Leute war, sondern die Christdemokraten (CDU/CSU), die im Sinne Helmut Kohls eine schnelle Wiedervereinigung versprachen. Die Partei des demokratischen Sozialismus (PDS) als Nachfolgepartei der SED erhielt nicht mehr als 16 Prozent der Stimmen, bei einer unglaublichen Wahlbeteiligung von 93 Prozent. Mehr Anhänger hatte der Sozialismus in der DDR nicht mehr. Am 3. Oktober 1990 erfolgte schon die Wiedervereinigung. Für Berlin war damit die Spaltung der Stadt endgültig beendet.

13 Portal IV

Ist es jetzt so weit? Rücken sie jetzt an? Beginnen sie jetzt ihr zerstörerisches Werk? Machen sie ihn jetzt nieder? Und was passiert dann mit mir? Ich gehöre ja auch nicht hierher! Aber wer weiß schon, wer *ich* bin: Ein Stück Geschichte, im wahrsten Sinne des Wortes, steinernes Überbleibsel einer längst vergangenen Zeit, nur Fassade, zu nichts zu gebrauchen, ein Symbol – ja, das bin ich. Das ist aus mir geworden. Meine Bezeichnung lautet: Portal IV des Berliner Stadtschlosses.

Muss es mir leidtun, was sie jetzt mit ihm machen? Verdient hat er es eigentlich nicht. Er hat ja nichts Böses getan. Ich will hier nicht Partei für ihn ergreifen, wir gehören ja nicht zusammen, aber über die Jahre hinweg haben wir uns miteinander arrangiert. Aber mich wollten sie ja auch einst loswerden, jedenfalls das, was mich trägt. Zum Glück darf ich auch dieses Mal überleben, obwohl sie nicht wissen, was aus mir werden soll. Aber er da hat wohl das Pech, dass er nicht am Rand steht wie ich. So fällt er auf wie eine Zitrone unter Äpfeln. Und er ist nun mal ein Symbol für die DDR und ihre Geschichte – die soll verschwinden. Na ja und dann haben sie festgestellt, dass er verseucht ist. Bedeutet nicht schon das Wort ein Todesurteil? Dabei ist das ICC* genauso befallen. Aber das ist wohl etwas ganz anderes. Irgendwie tut er mir schon leid. Mich haben sie damals gerettet, deshalb weiß ich, was es bedeutet, zu bestehen oder nicht. Und dabei war doch sein Platz früher der meine. Wiederholt sich plötzlich alles?

Als altehrwürdiges Portal genoss ursprünglich *ich* den Blick auf den Schlossplatz. Als dann meine ganze Familie weichen musste, weil sie den preußischen Militarismus verkörperte, stand ich für eine bessere Zukunft, glaubten zumindest diese Sozialisten. Dabei bin doch auch ich adlig, ein Preuße durch und durch, und somit alles andere als ein Demokrat oder gar ein Sozialist. Aber diesen Zeiten hänge ich nicht nach. Die Menschen müssen sich vervollkommnen, das habe ich von den Humboldt-Brüdern* gelernt. Ich bin ein Verfechter des Fortschritts und daran will ich weiter glauben.
Eigentlich fing alles mit dem Kaiser an, mit Wilhelm II. Der benutzte mich im Ersten Weltkrieg, um sich an sein halb vergessenes Volk zu wenden, auf das er vorher nur verächtlich herabsah. Noch heute spüre ich seine eisenbeschlagenen Stiefel, wie er damit aufstampfte, um seinen Worten Gewicht zu verleihen. Aber er war nur ein durchschnittlicher Redner, wie er überhaupt ein durchschnittlicher Mensch war, durchschnittlich in Geist und Größe. Als Ausgleich musste er sich kleiden wie ein Pfau, musste ständig die Uniformen wechseln, den Schnurrbart einfetten und hochzwirbeln und seine Haltung überprüfen – grade so, als würde dann keiner merken, dass ihm ein Arm zu kurz geraten war.
Da war dieser Liebknecht schon ein anderes Kaliber. Wer weiß, was er und seine Genossen mit mir angestellt hätten! Immerhin waren die belesen und hatten auf ihre Art Kultur. Wie sie aus dem Zimmer hinter mir einfach die rote Decke abgerissen und die als Fahnenersatz genommen haben, das hatte schon was. Mich alten Preußen hat das durchaus beeindruckt. Dieser

Mann hatte Energie, so was spüre ich sofort. „Der Tag der Freiheit ist angebrochen“, verkündete er am 9. November 1918 und dann rief er die „freie sozialistische Republik Deutschland“ aus. Wie das klang! Das war wirklich etwas ganz anderes. Das nötigte mir altem Haus Respekt ab. Ich hatte genug von dem verrotteten Adel, der längst nach der Pfeife der Industrieherren und Banker tanzte. „In dieser Republik“, rief Liebknecht am Ende, „wird es keine Knechte mehr geben und jeder ehrliche Arbeiter wird den ehrlichen Lohn seiner Arbeit finden. Die Herrschaft des Kapitalismus, der Europa in ein Leichenfeld verwandelt hat, ist gebrochen.“ Da konnte ich ihm sogar verzeihen, dass er so wild auf mir herumgetänzelt ist.

Die Republik kam, aber anders als Liebknecht sich das vorgestellt hatte: Ihr Beginn forderte sein Leben und das seiner Mitstreiterin Rosa Luxemburg, die den Herrschenden in Deutschland schon wegen ihrer Klugheit zuwider war. Was habe ich danach für schlimme Szenen gesehen, auch direkt unter mir! Wie wurde da um die Herrschaft gekämpft, um die Zukunft des Landes!

Wen wundert's, dass dieses Kapitel schnell wieder abgeschlossen war und für die, die dann auf mir herumgetrampelt sind mit ihren schweren Stiefeln und ihren braunen Uniformen, finde ich keine Worte. Das werde ich nie vergessen und das darf nie vergessen werden, aber auf diese Verbrecher einzugehen, ist unter meiner Würde.

Und als Berlin nach dem Krieg jener Berserker in Schutt und Asche lag, als es auch mich so stark getroffen hatte? Da kamen die, die alles verdorben haben! Wieder sollte eine neue

Gesellschaft errichtet werden! Aber hatte die überhaupt eine Chance mit ihrer DDR angesichts der Übermacht ihres großen Bruders im Westen, der von den USA mit dem Marschallplan die größte Hilfe bekam, während hier noch für die Reparationen bezahlt werden musste? Doch, nach 1961 hatte sie eine Chance, könnte man denken, als sie mich hier vom Westen abgeschirmt haben und ihre Bürger gleich dazu. Doch hatte die DDR damit auch schon verloren. Denn nun entwickelte sich vollends die rot gewendete Spießigkeit, die zu Unterwürfigkeit und Gleichgültigkeit führte.

Zu der Zeit haben sie ihn dann hingestellt, den Palast der Republik*. Teuer war er, ganz modern und für das Volk gebaut: In ihm konnte man Eis essen, Theater schauen, tanzen, Bowling spielen, Post aufgeben, Hochzeit feiern. Er gab den Menschen alles, was sie begehrten, etwas für die Augen, für den Verstand, für die Sinne und auch den Magen – eigentlich unvergleichlich in Deutschland und beinahe auf der Welt.

Doch von welchem Geist war er beseelt! Ein Staat, der seinen Bürgern nicht traut und sie alle bespitzeln lässt! Sprach sich nicht Honecker gegen die Beatmusik aus, aß er nicht gern Kassler, jeden zweiten Tag, und tat er in seiner Freizeit etwas anderes, als auf die Jagd zu gehen und kapitale Hirsche zu schießen? Kleinbürger in Rot waren es, die da die Fäden in der Hand hatten und die angeblich wissenschaftlich ausrechnen konnten, wie die Geschichte fortschreitet. So kann der Sozialismus nicht funktionieren, aber so ist er zuschanden geritten worden.

Vielleicht geschieht es ihm da drüben auch nur recht, dass jetzt die Bagger kommen. Höre ich sie schon? Vor nicht allzu

langer Zeit hätte ich sie bereits in den riesigen Spiegeln gesehen, die er mir hingehalten hat. Aber in der Hinsicht haben sie ihn ja längst blind gemacht. Wenn die Bagger wieder fort sind, werde ich freie Sicht haben. Aber so soll es natürlich nicht bleiben. Sie wollen ja das Alte wiederaufbauen. Mich werden sie dann wieder an die alte Stelle setzen, fürchte ich. Eine Kopie meiner selbst, das steinerne Abbild ihrer Schizophrenie*! Wie wollen die sich da denn zum Besseren entwickeln? Ihre neue alte Gesellschaft kann nichts Neues mehr hervorbringen. Sie sehen nur nach hinten, nicht nach vorn.
Kommen da die Bagger? Höre ich sie? Sie werden ungehindert arbeiten. Keiner wird sich ihnen entgegenstellen – dieses Skelett mit toten Augen, das von ihm übrig geblieben ist, bestimmt nicht. Ade Genosse, von dir wird nichts bleiben, nur eine Fußnote in der Geschichte.

Die wiedervereinigte Stadt

Die Freude über die Wiedervereinigung der Stadt hielt nicht lange an. Die Menschen beider Hälften waren sich im Rausch in die Arme gefallen. Sie wachten verkatert auf und stellten fest, wie wenig sie gemeinsam hatten. Vor allem für die Ostdeutschen wurde es schwer. Denn von ihnen wurde verlangt, in allem neu anzufangen, während für die Westdeutschen alles beim Alten blieb. Das System der Bundesrepublik wurde unverändert übernommen, ohne dass man auch nur den Versuch gemacht hätte, etwas Neues zu erschaffen.
Nichts aus der DDR sollte noch Gültigkeit haben: Besitz und Eigentum wurden neu bestimmt. Das Polizei-, Militär-, Schulsystem und eigentlich alle produzierten Waren wurden aus dem Westen übernommen. Dasselbe galt für Versicherungen, Arbeitslosengeld und sogar die Abfallwirtschaft. Auf der anderen Seite galten die Errungenschaften der DDR als nicht mehr bezahlbar. So schlossen reihenweise Polikliniken, Jugendklubs, Kulturhäuser, Bibliotheken.
In der Folge war nun jeder Westdeutsche in die Lage gebracht, den Ostdeutschen zu erklären, wie „sein" System funktioniert. Schnell machte deswegen der Ausdruck „Besserwessi" die Runde.
Viele Menschen im Osten fühlten sich dadurch angegriffen: Sie hatten das Gefühl, sich wegen ihres Lebens in der DDR rechtfertigen zu müssen – und schlimmstenfalls beweisen zu müssen, nicht bei der Stasi gewesen zu sein. Daher entwickelten

etliche einen Trotz gegen das neue Staatssystem oder sogar eine Sehnsucht nach der DDR, die sogenannte Ostalgie. Das hat seinen Grund auch darin, dass in der ehemaligen DDR fast alle Industriebetriebe geschlossen wurden, abgewickelt, wie es hieß. Die Wirtschaft wurde privatisiert, was bedeutete, dass alle Fabriken und Maschinen verkauft wurden. Die Leute verloren ihre Arbeitsplätze, wurden Frührentner oder Sozialhilfeempfänger. Vor allem junge Leute wanderten deshalb in den Westen ab, um Arbeit zu finden. Die westdeutsche Politik nahm bewusst in Kauf, die gesamte Wirtschaft der DDR zu ruinieren. Zurück blieb viel Unverständnis und Frustration.

Berlin vor dem Bankrott

Eine der wichtigsten Entscheidungen für die Zukunft Berlins war die Entscheidung des Bundestages, die Stadt tatsächlich wieder zur deutschen Hauptstadt zu machen, eine symbolische Entscheidung: Berlin sollte wieder pulsieren. Und es sollte für die Politik des neuen deutschen Staates stehen. Das bescheidene Bonn stand auch für eine bescheidene deutsche Politik.

Das Bundeskanzleramt: ein Symbol für Berlins Rolle als Hauptstadt

Obwohl in Berlin alle Räumlichkeiten für die Aufnahme der vielen neuen Politiker vorhanden waren, gab man sich mit dem Alten, das meist aus der DDR stammte, nicht zufrieden. Alle Regierungsgebäude wurden entweder neu gebaut wie das riesige Bundeskanzleramt oder neu hergerichtet wie der Reichstag. So gingen viele Jahre ins Land, in denen man zwar überall baute, aber alle bis zur Fertigstellung abwarteten. Zu wirklich neuen Plänen kam es nicht. Man stellte eigentlich nur wieder her, was einmal gewesen war.
Eine der wichtigsten Arbeiten im wiedervereinigten Berlin war der Abriss der Mauer. Das ging angesichts der Größe dieses einmaligen Bauwerks doch recht flott vonstatten und war nach fünf Monaten bis zum 1. Dezember 1990 abgeschlossen. Es blieben nur so wenige Mauerreste erhalten, dass einige dies später sogar als Mangel empfanden, weil so zu wenig an diese

Mauerabriss am Brandenburger Tor

besondere Epoche der deutschen Geschichte erinnern würde. Daher sind bereits einige Abschnitte der Mauer wiederaufgebaut worden.
Weil die besondere Lage der Stadt nach dem Mauerfall nicht mehr bestand, hatte man in kurzer Zeit die finanzielle Hilfe um die Hälfte eingeschränkt, obwohl beide Stadtteile zuvor massiv mit Geld unterstützt worden waren. Hinzu kam, dass die Stadt erst wieder zusammenwachsen musste, was Unsummen verschlang. Vor allem mussten die Verkehrsverbindungen wiederhergestellt werden. Das West-Berliner S-Bahn-System war fast komplett von seinem Umland abgekoppelt. Aber auch alle Einrichtungen der Politik, Verwaltung und Kultur mussten erst wiedervereinigt werden, wobei alles doppelt vorhanden war: Gerichte, Polizei, Universität. Bis heute leistet sich die Stadt drei staatliche Opernhäuser, das ist weltweit einmalig. Niemand wollte teilen, alle beharrten auf ihren Ansprüchen, alle hielten sich für unverzichtbar. Zum Wiederaufbau, zum Unterhalt und zur Auflösung der vielen Einrichtungen flossen Milliarden. Allein die neue „Kanzler-U-Bahn“ hat bisher Hunderte Millionen Euro an Baukosten verschlungen. Trotzdem besteht die Strecke bisher nur aus drei Stationen. Schließlich trieb auch noch der West-Berliner „Filz“ die Stadt in die Verschuldung. Nach der Wende ging sogar die landeseigene Bank pleite, was zu neuen Schulden in Milliardenhöhe führte.
Die Schulden der Stadt betragen mittlerweile über 60 Milliarden Euro und sind auf normalem Weg nicht mehr zurückzuzahlen. Berlin steht seit Jahren vor dem Bankrott und muss weiterhin mit hohen Zuschüssen am Leben erhalten werden. Die Proble-

me sind mit Händen zu greifen: Kinder verwahrlosen, Obdachlose verbummeln vor vielen Geschäften den Tag, zur Essensausgabe vor den Suppenküchen bilden sich lange Schlangen. Jeder Vierte lebt inzwischen von staatlicher Unterstützung.

Berlin ohne Plan

Berlin als der ehemalige Mittelpunkt Preußens und des Deutschen Reiches liegt heute an Deutschlands Rand. Obwohl wieder Hauptstadt, bleibt es weit hinter seiner früheren Bedeutung zurück. Zwar schlägt eine Stadt dieser Größe ein eigenes Tempo an und bringt ein besonderes Leben hervor, doch bleibt Berlin in seinen Strukturen erstarrt. In der Aufbruchstimmung nach der Wiedervereinigung Deutschlands floss auch von privater Seite zuerst viel Geld in die Stadt. Auf dem bis dahin brachlie-

Panorama des Potsdamer Platzes

genden Potsdamer Platz entstand eine Ansammlung modernster Gebäude, sogar etwas wie eine *Skyline*. Auch öffentlich wagte man ganz neue Projekte wie einen neuen Hauptbahnhof oder das endlich verwirklichte Denkmal für die Ermordung der europäischen Juden.

Heute stockt diese Entwicklung. Es fließt kein neues Geld nach Berlin, weil die großen Unternehmen nicht in Deutschlands neue Hauptstadt gezogen sind. Man hat auch keine neuen Ideen. Es gibt nichts Zukunftsweisendes, nichts „Großes". Nach dem Fall der Mauer scheint die Stadt im Zusammenwachsen stehen geblieben zu sein. Man hat einfach keinen Plan. Stattdessen besinnt man sich eher auf die Vergangenheit. Typisch dafür ist das Bestreben, das Berliner Stadtschloss wieder aufzubauen. Dieser Herrschaftssitz der preußischen Könige war in Jahrhunderten gewachsen und hatte doch nie zu einer bautechnischen Größe gefunden. Obwohl das Gebäude den Zweiten Weltkrieg sogar einigermaßen intakt überstanden hatte, ließ es die DDR-Regierung 1950 als Symbol des preußischen Militarismus sprengen. Keiner hat es heute nötig, aber es kündet vom alten Berlin, das sich so viele wieder herbeisehnen.

Doch ebendieses alte Berlin gibt es nicht mehr, das doch ein „rotes" Berlin war, das der Sozialdemokraten und Kommunisten, die einen anderen Staat wollten, den sie dann leider durch die Nazis bekamen. Es war das Berlin der Juden, die nicht nur das kulturelle Leben der Stadt stark bestimmten, die einmal in jeder Richtung wegweisend war. Es gibt stattdessen weiterhin das geteilte Berlin, das des Westens der eingefleischten Antikommunisten und das des Ostens der entwurzelten DDR-Bür-

Die Betonstelen des Denkmals für die ermordeten Juden

ger, jedenfalls wenn es um die alteingesessenen Berliner geht. Sie leben nach wie vor in zwei Welten. Man trifft sich, feiert jedoch für sich.

Die Mauer in den Köpfen

Zwar wuchs die Stadt wieder zusammen, doch blieb die Mauer in den Köpfen vieler bestehen. Nach fast 30 Jahren der Trennung hatte eine ganze Generation von DDR-Bürgern den Westteil der Stadt nie betreten – nur galt dies umgekehrt fast genauso. Auch die junge West-Berliner Generation hatte Ost-Berlin kaum je besucht und hatte kein Verhältnis zu diesem Teil der Stadt. Die DDR war fremd geblieben. Man kannte sie nur von den Fahrten auf den Transitstrecken nach Westdeutschland. Die USA oder Mallorca waren gängigere Reiseziele als die andere

Seite der Mauer. Die beiden deutschen Staaten hatten die Menschen ganz unterschiedlich geformt.

Wie groß die Kluft zwischen den Teilen immer noch war, zeigte sich noch 1996, sieben Jahre nach der Wende. Da sollten die beiden Bundesstaaten Berlin und Brandenburg zusammengelegt werden, um so Mensch und Verwaltung zusammenzuführen, Kosten zu sparen und diesem neuen Bundesland mehr Gewicht zu verschaffen. Doch darüber musste das Volk entscheiden. Das Ergebnis zeigte die fortbestehende Trennung in den Köpfen der Menschen: Während die Westberliner mit einem knappen Ja stimmten, lehnten die Brandenburger den Zusammenschluss entschieden ab. Aber auch die Mehrheit der Ost-Berliner stimmte mit Nein.

Die Trennung in West- und Ost-Berlin zeigt sich bis heute deutlich an den Wahlen: Während in Westberlin vor allem die „bürgerlichen" Parteien CDU und SPD gewählt werden, hat in Ost-Berlin neben der SPD auch immer die „sozialistische" Partei PDS, heute „Die Linke", die meisten Stimmen bekommen und zwar mit einem runden Drittel der Stimmen.

Sogar noch deutlicher zeigten sich die noch immer bestehenden Unterschiede in West- und Ost-Berlin 2009, 20 Jahre nach der Grenzöffnung: In einer Volksabstimmung fand sich keine Mehrheit für einen Schulunterricht in Religion statt Ethik. Die Berliner im Westteil stimmten für den Religionsunterricht, die im Ostteil aber mit überwältigender Mehrheit dagegen.

Die Berliner Mauer war ein besonderes Beispiel dafür, wie sehr der Mensch durch seine Umwelt geprägt wird: In ein neues Haus ziehen eben doch die alten Menschen.

Berlins Zukunft

Es sind vor allem die Neuberliner, die diesen Graben überwinden. Was ihnen fehlt, ist zwar meist das Geld, aber dafür sind sie unbeschwert von der Vergangenheit. Das gehörte eigentlich immer zur Berliner Bevölkerungsentwicklung, dass die Stadt von Zugezogenen lebte, von bedrängten Hugenotten, die schon der „Große Kurfürst“ Friedrich Wilhelm kommen ließ, von Knechten und Mägden aus den deutschen Ostgebieten, Hilfsarbeitern aus Osteuropa und immer wieder Aussteigern, die in der großen Stadt ihr Glück suchten. Das wiederholt sich heute. Außer den Türken, die als „Gastarbeiter“ schon in den 1970er-Jahren kamen, lassen sich auch wieder viele Russen und Polen in der Stadt nieder. Sogar die jüdische Gemeinde hat sich wieder entwickelt. Dazu kommen viele junge Leute, die fort vom Elternhaus auf eigenen Beinen stehen wollen. Sie alle sind es, die Berlin wieder zu etwas ganz Besonderem machen.

Allein an den drei Universitäten sind über 100.000 Studenten eingeschrieben, von denen die wenigsten aus Berlin stammen. In einem Bezirk wie Friedrichshain hat sich, wie einst in Kreuzberg, die neue Szene der Stadt versammelt, Künstler, Unangepasste, Weltverbesserer, Flüchtlinge. Und nicht nur in Kreuzberg gibt es Tausende junge Türken, die eine Brücke in ihr vermeintliches Heimatland schlagen, das sie meistens nur aus dem Urlaub kennen. Fast alle suchen sie nach neuer Beschäftigung und neuen Ideen, auch wenn sie sich nur einen neuen Computer kaufen und Internetberater nennen. Und es treibt sie durch die Stadt mit ihren Kneipen, Discos, Klubs. Nie

Während der Fußball-WM 2010 freute sich ganz Multikulti-Berlin über einen Sieg der deutschen Nationalmannschaft.

ruht der Verkehr. Am Wochenende kann man unter 1.000 Veranstaltungen auswählen. Auch wenn darunter viele Lebenskünstler sind, die für ihren Unterhalt nicht in die Brieftasche ihrer Eltern greifen können, tragen sie dazu bei, die Stadt aufzumischen – und dabei spielt die Scheidung nach Ost und West keine Rolle mehr.

Berlin in seiner Armut ist wieder gezwungen, ganz neue Dinge auszuprobieren. Da bleiben die Erinnerungen an Luftbrücke, Mauer und Stasi zurück. Dem anderen eine Chance – das treibt die Stadt voran.

START
ZIEL
U
HERMANNPLATZ
KADETTEN ANSTALT
N
W
S

14 Berlin im Eiltempo

So viele Leute! So unglaublich viele Leute habe ich in meinem ganzen Leben noch nicht gesehen. Oder doch, bei uns ins Fußballstadion passen über 20.000 Zuschauer. Aber hier beim Berlin-Marathon sind 40.000 Teilnehmer gemeldet. 40.000 – und die wollen alle ins Ziel kommen. Ich auch. Wie die alle sprechen! So viele Ausländer sind dabei. Die Sprachen kann ich nicht mal erkennen. Aber ich muss mich konzentrieren. Das hier ist schließlich ein Höhepunkt in meinem Leben. Darauf habe ich mich ein halbes Jahr lang penibel vorbereitet. „Gehst du schon wieder laufen?“ Wie oft habe ich das als Vorwurf gehört! 60 Kilometer jede Woche, da geht natürlich auch Zeit drauf. Obwohl: Andere sitzen stattdessen vor der Glotze.
Ich weiß, so ein Marathon ist ungesund, auch unnatürlich. So lange läuft kein Mensch am Stück. Das hat die Natur nicht vorgesehen. Das zeigt sich schon daran, dass man nach 20 Kilometern eigentlich am Ende ist, dass man spätestens dann essen muss, um noch weiterzukommen. Ich werde mich an die Bananen halten und schon bei km 10 damit anfangen. Nur nicht den Hungerast kriegen und stehen bleiben, weil nichts mehr geht! *Hagottzeckerle!* Nur durchhalten, das ist eigentlich das Einzige, worauf es ankommt! Was soll man denn daheim erzählen, wenn man nicht ins Ziel kommt? Ein halbes Jahr vorbereitet und dann schafft man das Ziel nicht? Nur nicht daran denken, eigentlich an gar nichts mehr denken, nur an den Lauf!

Da, es geht los. Mal sehen, ob ich gut vorankomme. Bin ich nervös! Ruhig! Erst mal das richtige Tempo finden! Straße des 17. Juni, immer geradeaus. Was für eine Riesenstraße, super geeignet für den Start. Da können sich alle gut verteilen. „Die Straße haben die Nazis so breit ausgebaut", sagt einer, aber das interessiert mich nicht. Berlin selbst interessiert mich eigentlich nicht. So eine Riesenstadt! Hier könnte ich nie leben. „Auf dieser Straße fuhr auch Hitler zu den Olympischen Spielen von 1936", höre ich wieder den einen neben mir sagen. Er läuft schräg hinter mir. „Wie die Nazis das inszeniert hatten", sagt er. „Alles war akkurat und sauber und perfekt organisiert. Davon haben sich alle gern blenden lassen."
Der solle mal si Muul halte! Ich brauche jetzt keinen Geschichtsunterricht. Ich will laufen. Und es geht doch voran. Nur bin ich so langsam unterwegs. Aber ich will ja 42 Kilometer schaffen, 42,195 Kilometer. „Hier ging's raus nach Westen", redet der weiter, „ganz in den Westen, nämlich über die Heerstraße zum Transit nach Hamburg. Was waren das noch für Zeiten! Zwei deutsche Staaten! Ostberlin und Berlin (West)! Wie sie noch über die Namen bürokratisch deutsch gestritten haben!"
Ich muss den jetzt mal abschütteln, den *Gscheitli!* Da biegen wir ab, endlich. Es ist immer noch so voll. Ich kann nicht überholen. Aber ich komme gut vorwärts. Jetzt bin ich ganz locker und warm. Wie viele Zuschauer am Rand stehen! Das ist ja unglaublich! Da gibt es gar keine Lücke, wo mal keiner stehen würde! Kommen denn heute alle Berliner hierher? Was für ein Spektakel! Toll, wie die einen anfeuern! Da ist die erste Getränkestation, bei km 5. Aber die lasse ich aus. Ich habe vor

dem Start genug getrunken. Was hier alles zu sehen ist! Da, ein Riesenknast! „Justizvollzugsanstalt Moabit“, höre ich. „Das Bundeskanzleramt und der Reichstag!“ Laufen wir hier echt durchs Regierungsviertel! Die bieten schon was, die Berliner!
„Hier war die Grenze“, höre ich ihn schon wieder. Werde ich den nicht los? „Dahinten am Humboldthafen gab’s den ersten Mauertoten. Von dem wollte aber auch der Westen nichts wissen, weil der homosexuell gewesen sein soll. Den haben sie wirklich abgeknallt! Und wollten doch treue Staatsbürger mit dieser Grenze schaffen!“
Was redet der da? Der hängt so an mir dran, seine Frau wohl immer hinter ihm. Aber die sagt kaum was, im Unterschied zu dem *Großgosch*. Ich laufe jetzt mal schneller. Nein, doch nicht! Ich will mich nicht aus dem Takt bringen lassen. Der bleibt bestimmt noch zurück, so viel, wie der erzählt. Ich will nichts wissen von Berlin. Ich will laufen.
„Jetzt geht’s durch Mitte“, sagt der Mann. „Wie hier um die Häuser und Grundstücke gefeilscht wird! Das war vor über 100 Jahren auch nicht anders. Da musste auch schon jedes alte Haus um sein Leben fürchten, weil es mehr Geld brachte, es abzureißen und ein neues zu bauen. Der Fortschritt, der Fortschritt!“
Warum muss ich ausgerechnet diesen *Dubel* an mir hängen haben? Der hat sich nämlich an mich gehängt, ganz klar. Soll er, soll er doch, solange er meinen Lauf nicht stört. Aber warum muss der so viel erzählen? Nein, ich will mich nicht verrückt machen. Ich laufe mein Tempo weiter wie ein Uhrwerk. Den Kilometer in 5:40. Diesen Schnitt habe ich bisher gut ge-

halten, obwohl ich die ersten Kilometerzeichen gar nicht sehen konnte. Damit komme ich unter vier Stunden an. Eigentlich will ich nur ankommen. Wenn es 3:55 werden, super! 4:10 wäre mir auch egal. Aber nur nicht 4:01! Das nicht! Das wäre eine Zeit, von der jeder sagt: „Er wollte unter vier Stunden und hat's nicht geschafft."

Jetzt kommt die erste Verpflegungsstation. Auch was essen! Ich sehe sie schon. Ruhig anlaufen! Ein Becher Tee und ein Becher Wasser. Das reicht. Dann noch zwei Stück Banane! Oh, das schmeckt. Weiter! Ich habe nicht mehr als nur ein paar Sekunden verloren.

Was sind denn das plötzlich für Häuser? „Sieht nicht umsonst aus wie in Moskau", höre ich da schon. „Früher die Stalinallee!" Er wieder. *Muss der Seckel gar net schnufe?* „Hier fing 1953 der Volksaufstand an. Den sollen die Panzer niedergewalzt haben", sagt er. Niedergewalzt! Als ob die mit den Panzern über die Menschen gefahren wären! Aber die Bundesrepublik braucht diese Wortwahl bis heute. Schon so können sie unterschlagen, mit welcher Mordlust viele Demonstranten unterwegs waren. Heute wären das Chaoten, bestenfalls!

Was der alles glernt het, der Laferi! Muss ich mir jetzt die ganze Geschichte von Berlin anhören? Haben sie den dafür abkommandiert? Ist das so gut organisiert? Au, zwickt mein Knie? Nur das nicht! Iliotibiales Bandsyndrom! So heißt das ja wohl, was einen bei so einem Lauf erwischen kann. Ich versuch mal, kleinere Schritte zu machen. Da war schon km 14. Ein Drittel ist geschafft. Es geht mir gut, doch, es geht mir gut. So viele Leute an der Strecke! Es hört nicht auf, nie. Und wie sie rufen, wie

sie einen anfeuern! Mich auch. Feuern die ausdrücklich mich an?
„Neukölln, Hermannplatz“, höre ich. Auf die Geschichte, die jetzt kommt, bin ich fast schon gespannt. „Aha, der Blutmai!“ *Was der alles verzähle kann!* Blutmai, nie gehört. „Da hat der sozialdemokratische Berliner Polizeipräsident die Kommunisten am 1. Mai von der Straße gejagt. Vielleicht musste die SPD wirklich zuerst diejenigen loswerden, die sie stündlich daran erinnerten, dass sie im Staatsgeschäft die Seite gewechselt hatte.“ Der amüsiert mich, der *Cheib!*
Wo sind wir denn hier? So habe ich das noch nie gesehen. Eindeutig, hier wohnen die Türken. Es ist echt alles türkisch. Unglaublich! Aber die feuern auch an. Danke! Ihr seid super!
„Südlich von uns der Flughafen Tempelhof.“ Nichts davon zu sehen, aber er erzählt natürlich wieder, der *Schluri!* „Den haben sie jetzt stillgelegt, ein Riesengebiet.“ – „Die Luftbrücke“, höre ich da mal die Frau an seiner Seite sagen. Sie spricht leise und sie läuft wohl ganz konzentriert. Er gibt ihr immer die Daten durch, welcher Kilometer, welche Zwischenzeit, als könnte sie nicht selbst schauen. „Ohne diesen riesigen Flughafen“, sagt er, „wäre West-Berlin während der Blockade verloren gewesen. Die Geräusche der Bomber, die vorher die Leute mit Panik erfüllt hatten, wurden ihre einzige Hoffnung. Nur drei Jahre nach dem Krieg hatte sich alles umgedreht.“
Km 20, wieder trinken, essen! Es läuft gut. Da in der Ferne: ein Bogen! Nein, das wusste ich gar nicht. Sie haben die Hälfte der Strecke extra markiert. Unter dem Bogen durch! Tolles Gefühl! Zeit: 1:58. Und ich bin extra einen Tick langsamer gelaufen.

So wie ich mich fühle, müsste es reichen. Das Knie muckt, aber es wird nicht schlimmer. Ich tue so, als würde ich jetzt erst loslaufen. Genau: Ich laufe jetzt einen Halbmarathon. Ich bin fit. „Hier weiter nach Süden", erklärt der schon wieder hinter mir, „Da kämen wir nach Südende, früher eine Villenkolonie. Von der hat der Zweite Weltkrieg nicht mehr viel übrig gelassen. Dort wohnte die Rosa Luxemburg, nicht weit von den aufgelösten Andrews Barracks, der ehemaligen Preußischen Hauptkadettenanstalt, der deutschen Offizierskaderschmiede. Wer weiß, wie sie da schon belauscht und beschattet wurde, von ihren zukünftigen beziehungsweise späteren Mördern! Nicht erst die Nazis haben die Zukunft Deutschlands einen Kopf kürzer gemacht." Rosa Luxemburg! Die war auch hier in Berlin? Ja doch, hier waren sie ja alle. Komm, weiter! Eigentlich will ich davon nichts wissen, jetzt bestimmt nicht. Ich laufe wie eine Maschine. Was? Schon km 30? Ich schaffe das! Zeit: 2:48. Alles im grünen Bereich. Nein, nicht ganz! Mir tun die Knie weh, auch die Hüfte. Aber ich will das jetzt nicht spüren. Nein, ich spüre das nicht! Musik überall! Fantastisch! Als würden die extra für mich spielen.

Trinken, jetzt immer wieder trinken! Warum tue ich mir das an? Wem muss ich's denn beweisen? Einen ganzen Marathon laufen! Ja, das klingt gut, das macht was her. Aber es tut doch weh. Wo bleibt denn der Ku'damm? Wie sich das jetzt zieht! Hier, hier fängt er an. Was, das ist der Ku'damm? Was ist das Besondere? Keine Sorge, die Antwort gibt er gleich. Er kann gerne mal wieder reden. Das ist eine Abwechslung. Kann er nicht mehr? Ist er nicht mehr hinter mir? Doch, sie hat ja ge-

rade wieder was gesagt. „Heute ist das alles gehobenes Einkaufsladenatelierboutiquezeug, nicht mehr so schmuddlig wie vor ein paar Jahren", sagt er nun. „Aber die Touristen sind doch immer wieder enttäuscht. Was muss hier in den Goldenen Zwanzigern los gewesen sein! Kinos, Theater, Varietés, Nachtcafés! Der betörende Duft der Fäulnis! Daher hat der Ku'damm seinen Ruf. Ein sterbender Baum bringt oft die meisten Blüten hervor."
Ich verstehe nichts mehr. Es wird immer lauter. Es stehen immer noch mehr Menschen an der Strecke. Komm, erzähl weiter! Ich höre nichts. Was für ein Lärm! Super! Ich schaffe es. Doch! Da, noch einmal essen, noch einmal trinken! Die Banane, wie intensiv sie schmeckt, wie sie klebt! Ich wusste gar nicht, dass Bananen so süß sind. Potsdamer Straße, wieder nach Osten. Wie viele gehen jetzt schon am Rand! Ich nicht! Ich laufe. Ich laufe weiter.
„Wie die Juden hier bestimmte Straßen gar nicht mehr benutzen durften", erzählt er und ermahnt sie neben sich aufzupassen. Ein Pflasterstein liegt mitten im Weg. „Wie die Juden alles zu Fuß gehen mussten. Wie mussten sie sich bewegen, wie Gespenster mit einem Stern auf der Brust! Jede Begegnung mit ihnen muss ein Test auf die Menschlichkeit gewesen sein."
Pfui! Nein, erzähl das nicht weiter! Ich brauche jetzt positive Gedanken.
„Woher kennen Sie das alles", fragt sie ihn plötzlich recht laut. *Sie,* denke ich. Nicht seine Frau? Er hat alles aus einem Buch, sagt er, einem Jugendbuch. Sein Sohn liest das und hat ihm vor dem Marathon davon erzählt. Darin sind 14 Geschichten versammelt, Geschichten aus der Geschichte Berlins. Er könn-

te ihr das auch mal vorlesen. Vorlesen, denke ich. Wieso vorlesen? Endlich drehe ich mich zum ersten Mal nach den beiden um. Sie läuft leicht versetzt neben ihm. Ich stutze und überlege und laufe weiter und drehe mich noch mal um. Da sehe ich die Schnur zwischen den beiden. Er hält sie daran fest. Sie hält sich daran fest. Ich bleibe fast stehen. Deswegen hat er so viel erzählt! *Des isch e rechte Kerli!* Und sie erst: Unfassbar!
Jetzt sind die Schmerzen da! Es tut doch so weh! Unter den Linden! Noch anderthalb Kilometer. Wahnsinn! Ich schaffe es! Ist er noch da, die Frau auch? Ja. „Das Staatsratsgebäude*“, erzählt er, „links von uns. Mit dem Balkon von Liebknecht.“ Der auch? Ich verstehe nicht mehr. Kann er noch erzählen? „Die Revolution ausgerufen. Abgerissen, der Palast der Republik. Schloss neu aufbauen. Verrückt! Warum können die Deut-schen nicht die Zukunft bauen?“ Er atmet schwer. Komm, erzähl noch! Komm! Lauf! Lauft, ihr beiden! Es geht um ein paar Minuten. Wie die Leute rufen und klatschen! Tun sie das für alle? Die sind verrückt, die Berliner! „Hier ritt früher der Kaiser lang“, sagt er, „auf einem eigenen Sandweg. Der hat von oben auf sein Volk herabgeschaut. Und das Volk? Das hat ihm noch untertänigst zugejubelt.“
Wie kann der das jetzt noch sagen, jetzt? Da ist das Brandenburger Tor. Die ganze Welt schaut zu, überall, noch in Japan. Was die wohl damals von der Mauer dachten? Wie komme ich auf so einen Quatsch? Nicht nachlassen! Weiter! Ich schaffe das! Ich muss gleich heulen! Sie schaffen es auch, beide. Kommt neben mich, vor mich! Ihr seid die Besten! Da durch und jetzt noch ein Stück. Da ist die Ziellinie. 3:57. Unglaublich! Danke!

Glossar

Herrmann, Max (1865–1942) Angesehener Professor an der Berliner Universität, der das „Berliner Theaterwissenschaftliche Institut“ gegründet hatte. Als Jude wurde er 1933 aus dem Dienst entlassen. Ab 1939 lebte er zusammen mit seiner hochgebildeten Frau Helene Herrmann in der Eislebener Straße bei ihrer Schwester Käte Finder in der Nähe des Bahnhofs Zoo. Im September 1942 wurden die drei in das Konzentrationslager Theresienstadt deportiert. Dort starb Max Herrmann zwei Monate später. Die Schwestern Helene Herrmann und Käte Finder wurden am 16.5.1944 in das Vernichtungslager Auschwitz gebracht und dort ermordet. Vor seiner Deportation hat Max Herrmann noch das Manuskript über *Die Entstehung der berufsmäßigen Schauspielkunst im Altertum und in der Neuzeit* beendet und es seiner Schülerin Ruth Mövius zur Verwahrung überlassen. Sie konnte es 1962 in Ost-Berlin veröffentlichen.

Humboldt, Alexander (1769–1859) und Wilhelm (1767–1835) Berühmtes Brüderpaar aus Berlin. Sie haben im Sinne der Aufklärung dafür gewirkt, den Menschen durch Forschung und Bildung Humanität und Freiheit zu ermöglichen. Vgl. *Humboldt und die wahre Entdeckung Amerikas* in der „Arena Bibliothek des Wissens“.

ICC Abkürzung für „Internationales Congress Centrum“. Das vollständig mit Kunstlicht ausgeleuchtete und voll klimatisierte Gebäude ist eines der größten Kongresszentren der Welt. Auch wegen der Verwendung von Asbest muss es 30 Jahre nach seiner Fertigstellung für Hunderte Millionen Euro vollständig renoviert werden.

Monopolbourgeoisie Kommunistische Bezeichnung für einen Teil des Bürgertums, das Fabriken und Maschinen besitzt und damit uneingeschränkt Gewinne macht, sodass es deswegen den Staat beherrscht.

Palast der Republik Großes Mehrzweckgebäude, das die DDR an der Stelle des gesprengten und abgetragenen Berliner Stadtschlosses errichtete. Es wurde 1976 eröffnet und trotz vielfacher Proteste bis 2008 abgetragen, um Platz für den Wiederaufbau des Schlosses zu schaffen.

Proletariat In neuerer Zeit Bezeichnung für die Arbeiterschaft, im kommunistischen Sinn für die besitzlosen Industriearbeiter, die dem Kapitalisten ihre Arbeitskraft anbieten. Heute nicht mehr gebräuchlich und über „Prolet" zu „Proll" abgewertet.

Propaganda Verbreitung von weltanschaulichen und politischen Vorstellungen durch ständige Wiederholung, um Menschen für sich zu beeinflussen. Dies geschieht meist mithilfe von Manipulation, der bewussten Verdrehung von Tatsachen.

Reparationen Entschädigungszahlungen nach einem verlorenen Krieg. In der jüngeren deutschen Geschichte kam es dreimal zu Reparationen: Nach dem Deutsch-Französischen Krieg von 1870/71 musste Frankreich an Deutschland umgerechnet 120 Millionen Goldmark bezahlen. Nach dem Ersten Weltkrieg sollte Deutschland 269 Milliarden Goldmark an die Siegermächte bezahlen. Nach dem Zweiten Weltkrieg konnte das zerstörte und geteilte Deutschland schlecht zu Entschädigungen herangezogen werden. Zwar kam es zu Reparationsleistungen, die aber spätestens 1949 im westlichen Deutschland eingestellt wurden. Die DDR leistete noch bis 1953 erhebliche Reparationen an die Sowjetunion.

Schinkel, Friedrich (1781–1841) Prägte als Oberbaurat das Bild des aufstrebenden Berlin im 19. Jahrhundert. Er ließ viele, stilistisch einheitliche Baudenkmäler errichten wie das Schauspielhaus oder das Alte Museum und verband die Stadt zu einem Ganzen. So schuf er eine recht gleichartige, klassisch geprägte Stadtansicht, die bis zur Zeit des Nationalsozialismus und der Zerstörung Berlins im Zweiten Weltkrieg bestimmend war.

Schizophrenie Krankhafte Bewusstseinsstörung, die zu Wahnvorstellungen führt.

Staatsratsgebäude Wie der Name sagt, beherbergte dieses Gebäude den Staatsrat der DDR, eine Versammlung von Politikern, die eigentlich das Land vertreten sollte, aber bedeutungslos war. In schlichtem Stil ist es in seiner Höhe und seinen Geschossen dem Portal IV des Berliner Stadtschlosses angepasst, mit jenem Balkon, von dem Karl Liebknecht 1919 die „Sozialistische Republik" ausgerufen hatte. Heute ist darin eine private Hochschule für Manager untergebracht.

Abbildungen

akg-images: S. 52; IAM/akg/World History Archive: S. 82; Bildarchiv Preußischer Kulturbesitz (bpk): S. 11, 19, 23, 33, 48, 50, 104; bpk/Bayerische Staatsbibliothek/Archiv Heinrich Hoffmann: 68, 95; bpk/Carl Weinrother: S. 81; bpk/Heinrich Hoffmann: S. 83; bpk/Herbert Hoffmann: S. 36; bpk/Hilmar Pabel: S. 93; bpk/Horst E. Schulze: S. 124; bpk/Jochen Moll: 136; bpk/Willi Saeger: S. 117; bpk/Wolfgang Albrecht: S. 114; imago/ddrbildarchiv.de: S. 151, 162; imago/Imagebroker: S. 161; 164, 166; picture-alliance/dpa: S. 91, 169; picture-alliance/Herve Champollion/akg-images: S. 21; picture alliance/Sodapix AG: S. 3

Impressum

1. Auflage 2011

Cover- und Innenillustration: Philipp Seefeldt
Karte im Schutzumschlag: Harms Grundschulatlas Berlin/Brandenburg, Ausgabe 2011, Bildungshaus Schulbuchverlage GmbH Braunschweig
Zitate S. 107 und 110: Buckower Elegien. In: Die Gedichte von Bertolt Brecht in einem Band. Frankfurt am Main 1981. S. 1009 ff.
Satz: Claudia Böhme nach einer Gestaltung und Typographie von knaus. büro für konzeptionelle und visuelle identitäten, Würzburg
Gesamtherstellung: Westermann Druck Zwickau GmbH
ISBN 978-3-401-06143-6

www.arena-verlag.de

Andreas Venzke

Scott, Amundsen und der Preis des Ruhms

Die Eroberung des Südpols

In der weißen Hölle, der Antarktis, liefern sich Scott und Amundsen einen tödlichen Wettkampf: Wer wird als Entdecker des letzten unerforschten Punktes der Erde in die Annalen der Geschichte eingehen und wer der ewige Zweite bleiben? In Andreas Venzkes bewegender Geschichte mit vielen Originalzitaten meldet sich ein Überlebender der berühmten „Terra-Nova-Expedition“ zu Wort und berichtet von dem riskanten Wettstreit.

Arena

144 Seiten.
Klappenbroschur.
ISBN 978-3-401-06539-7
www.arena-verlag.de

ARENA BIBLIOTHEK DES WISSENS

LEBENDIGE BIOGRAPHIEN

Auch als Hörbuch bei Arena Audio

978-3-401-06218-1

978-3-401-05994-5

978-3-401-06394-2

Eine Auswahl weiterer lieferbarer Titel aus der Reihe „Lebendige Biographien“:

Luca Novelli
Newton und der Apfel der Erkenntnis
ISBN 978-3-401-06395-9

Luca Novelli
Archimedes und der Hebel der Welt
ISBN 978-3-401-05744-6

Luca Novelli
Einstein und die Zeitmaschinen
ISBN 978-3-401-05743-9

Luca Novelli
Darwin und die wahre Geschichte der Dinosaurier
ISBN 978-3-401-05742-2

Andreas Venzke
Humboldt und die wahre Entdeckung Amerikas
ISBN 978-3-401-06217-4

Luca Novelli
Mendel und die Antwort der Erbsen
ISBN 978-3-401-06182-5

Andreas Venzke
Luther und die Macht des Wortes
ISBN 978-3-401-06041-5

Luca Novelli
Leonardo da Vinci, der Zeichner der Zukunft
ISBN 978-3-401-05940-2

Andreas Venzke
Gutenberg und das Geheimnis der Schwarzen Kunst
ISBN 978-3-401-06180-1

Arena

Jeder Band:
Klappenbroschur.
www.arena-verlag.de